CRÔNICAS DO ALBERTO

Catalogação na Fonte
Elaborado por: Josefina A. S. Guedes
Bibliotecária CRB 9/870

C624c Cleiman, Alberto
2019   Crônicas do Alberto / Alberto Cleiman. - 1. ed. - Curitiba: Appris, 2019.
       163 p. ; 21 cm

       Inclui bibliografias
       ISBN 978-85-473-2472-8

       1. Crônicas brasileiras. I. Título. II. Série.

                                                    CDD – 371.9

Livro de acordo com a normalização técnica da ABNT

Editora e Livraria Appris Ltda.
Av. Manoel Ribas, 2265 – Mercês
Curitiba/PR – CEP: 80810-002
Tel: (41) 3156 - 4731
www.editoraappris.com.br

Printed in Brazil
Impresso no Brasil

Alberto Cleiman

CRÔNICAS DO ALBERTO

Editora Appris Ltda.
1.ª Edição - Copyright© 2019 dos autores
Direitos de Edição Reservados à Editora Appris Ltda.

Nenhuma parte desta obra poderá ser utilizada indevidamente, sem estar de acordo com a Lei nº 9.610/98. Se incorreções forem encontradas, serão de exclusiva responsabilidade de seus organizadores. Foi realizado o Depósito Legal na Fundação Biblioteca Nacional, de acordo com as Leis nos 10.994, de 14/12/2004, e 12.192, de 14/01/2010.

FICHA TÉCNICA

EDITORIAL	Augusto V. de A. Coelho
	Marli Caetano
	Sara C. de Andrade Coelho
COMITÊ EDITORIAL	Andréa Barbosa Gouveia (UFPR)
	Jacques de Lima Ferreira (UP)
	Marilda Aparecida Behrens (PUCPR)
	Ana El Achkar (UNIVERSO/RJ)
	Conrado Moreira Mendes (PUC-MG)
	Eliete Correia dos Santos (UEPB)
	Fabiano Santos (UERJ/IESP)
	Francinete Fernandes de Sousa (UEPB)
	Francisco Carlos Duarte (PUCPR)
	Francisco de Assis (Fiam-Faam, SP, Brasil)
	Juliana Reichert Assunção Tonelli (UEL)
	Maria Aparecida Barbosa (USP)
	Maria Helena Zamora (PUC-Rio)
	Maria Margarida de Andrade (Umack)
	Roque Ismael da Costa Güllich (UFFS)
	Toni Reis (UFPR)
	Valdomiro de Oliveira (UFPR)
	Valério Brusamolin (IFPR)
ASSESSORIA EDITORIAL	José dos Santos
REVISÃO	Andrea Bassoto Gatto
PRODUÇÃO EDITORIAL	Fernando Nishijima
ASSISTÊNCIA DE EDIÇÃO	Renata Policarpo
DIAGRAMAÇÃO	Andrezza Libel
CAPA	Akácio S. Miranda
COMUNICAÇÃO	Ana Carolina Silveira da Silva
	Carlos Eduardo Pereira
	Igor do Nascimento Souza
LIVRARIAS E EVENTOS	Milene Salles | Estevão Misael
GERÊNCIA COMERCIAL	Eliane de Andrade
GERÊNCIA DE FINANÇAS	Selma Maria Fernandes do Valle

AGRADECIMENTOS

Agradeço a minha esposa, filho, pais e irmão, e todos aqueles com quem convivi no estudo e no trabalho, destacando o professor e médico Dr. Fernando Cavalcanti, o dentista Dr. Paulo Band e a cirurgiã de pele Dr.ª Josefina Krapienis, dentre muitos outros amigos de grande valor.

PREFÁCIO

Esta obra deve ser lida por todos aqueles que desejam um Brasil melhor, mais justo e igualitário. Desde longa data acompanho os artigos do Alberto, quer sejam científicos ou político-sociais. Por sua conduta impecável, tudo que ele escreve é baseado em suas convicções pessoais e experiências profissionais.

Conhecedor profundo do comportamento humano, seus textos enaltecem as virtudes e combatem tenazmente as mazelas do gênero humano.

Aroldo Leão Pereira

SUMÁRIO

SEGURANÇA DO PROFESSOR 13
IMPOSTOS E CONTAS PÚBLICAS 14
HEADHUNTERS 15
TETO DE GASTOS 16
ÔNIBUS, BARCAS, TRENS E AVIÕES 17
SOLUÇÃO SUS 18
FUTEBOL, CARNAVAL E POLÍTICA 19
DESORDEM URBANA 20
EMBRAER E BOEING 21
LOBBY DA SAÚDE 22
EMBRAER E SEGURANÇA 23
PELEGOS E ESTADISTAS 24
OVO DA SERPENTE 25
ANS E PLANOS DE SAÚDE 26
IMÓVEIS E AUTOMÓVEIS 27
EDUCAÇÃO NÃO É SOLUÇÃO 28
METRÔ NORTE-COREANO 29
CULPA DA VASSOURA 30
APROVEITAMENTO DA ÁGUA 31
CRIAÇÃO DE EMPREGOS 32
METRÔ E AVIÃO 33
REFORMAS FAVELADAS 34
POPULAÇÃO CARCERÁRIA 35
BURGUÊS NOVO RICO 36
FAVELIZAÇÃO IMOBILIÁRIA 37
PLANEJAR É PRECISO 38
DOBRADINHA INSÓLITA 39
PARTIDOS, LOBBIES E CURRAIS 40
MIRAGENS DA VIDA 41
NOMEADOS, INDICADOS E APADRINHADOS 42
GREVES E REFORMAS 43
ENGENHEIRÓLOGO 44
VERBORRAGIA E VERBORREIA 45

REFORMA TRABALHISTA	46
INSUSTENTABILIDADE DOS MUNICÍPIOS	47
SUPERAÇÃO DA RECESSÃO	48
PIBINHO MINGUANTE	49
MUITO MAIS TEMPO	50
AGÊNCIAS REGULADORAS	51
IDEIA FIXA	52
JOGO DA SAÚDE	53
URBANIZAÇÃO CAÓTICA	54
PREVIDÊNCIA GENI	55
MÃO CHEIA E CONTA-GOTAS	56
CHECKUP MÉDICO	57
PRODUTIVIDADE E O VENTO	58
IDOSOS E JOVENS	59
APOSENTADORIA E TRABALHO	60
NEGÓCIO DA CHINA	61
GUERRA AOS PLÁSTICOS	62
FALE COM A MARCIA	63
ÁGUA, ESGOTO E PLÁSTICOS	64
CASA GRANDE E SENZALA	65
CRIVELLA CARE	67
TRABALHAR E PRODUZIR MAIS	68
REFORMA BUMBUM	70
UM TRILHÃO	71
CRISE 2019	72
CANDIDATOS A GOVERNADOR	74
PILOTOS E COPILOTOS	75
APRENDIZ LEGAL E ESTAGIÁRIO	76
O ROMBO DA IMPREVIDÊNCIA	77
DISCRIMINAÇÃO E ABANDONO	78
DIPLOMACIA, ECONOMIA E EMPREGO	79
REFINARIA DE ALUMÍNIO	80
ILHA GRANDE	81
BAGAGEM AÉREA	82
SUS ÚNICO	83
BOM, O MAU E O FEIO	84
PREVIDÊNCIA	85
MEIAS CIDADES	86

MENTIRA CARIOCA	87
PREVIDÊNCIA E SALÁRIOS	88
FARMÁCIAS E UPAS	89
CARREIRAS DO EXECUTIVO	90
CLT, INFORMÁTICA E TERCEIRIZAÇÃO	91
PREVIDÊNCIA E ELEIÇÕES	92
COFRE SEM FUNDO	93
SUBEMPREGADOS, DESALENTADOS E DESEMPREGADOS	94
ÁGUA, ESGOTO E SAÚDE	95
MUSEU PODE ESPERAR	96
VÔOS ENLATADOS	97
EMERGÊNCIA NA SAÚDE	98
FHC	99
CEGUEIRA REFORMISTA	100
CARANAVAL 2019	101
FALÊNCIAS	102
ESTADOS E MUNICÍPIOS	103
ESTAÇÃO DA LEOPOLDINA	104
MANTEIGA, MARGARINA E MAIONESE	105
O SÍRIO E A PORTUGUESA	106
BIBELÔ DE PENTEADEIRA	107
SÍRIO-LIBANÊS CARIOCA	108
PALAFITAS, FAVELAS E PRÉDIOS	109
O PREFEITO MUDO	110
E OS HOSPITAIS ?	111
CARNAVAL DE OUTUBRO	112
IMPREVIDÊNCIA	113
COR DOS ÔNIBUS	114
MUNDO DA FANTASIA	115
VITÓRIA DO POVO	116
MEIO MÉDICOS	117
NARCOTRAFICANTES, MILÍCIAS E CORRUPTOS	118
COMPETIVIDADE, PRODUTIVIDADE E CUSTO BRASIL	119
TERCEIRIZAÇÃO, SUS E PREVIDÊNCIA	120
MÊS DAS BRUXAS	121
CAMELÔS, AUTÔNOMOS E MENDIGOS	122
DIAGNÓSTICO FALSO	123
TROPEÇOS CIRÍLICOS	124

BRASIL CEARENSE 125
A MOEDA MATEMÁTICA 126
LAMPIÕES TRANSNACIONAIS 127
TRI-SAÚDE RJ 128
REFORMAS S/A 129
PLANO NACIONAL DE SAÚDE 130
MAIS ÔNIBUS 131
CORRUPÇÃO NEOBOLIVARIANA 132
RAPOSAS VELHAS 133
TRUMP X VIETCONGS 134
DEMOGRAFIA E GENOCÍDIO 135
ESVAZIAMENTO DO CENTRO 136
INGENUIDADE DAS UPPS 137
CIRANDA TRUMPIANA 138
CORRUPTORES E CORRUPTOS 139
TROCAS DE FIGURINHAS 140
PACOTE DOS ÔNIBUS 141
PAPUDOS NA PAPUDA 142
PÉROLAS ELEITOREIRAS 143
ARQUIVAMENTO AÉREO 144
VOOS DE BAIXO CUSTO 145
TETO DE SALÁRIOS 146
30 MILHÕES DE APOSENTADOS 147
CANGACEIROS E CANGAÇO 148
FIM DOS PRIVILÉGIOS 149
COBRANÇAS AÉREAS 150
ENSINO MÉDIO 151
LUDDAD 152
ÁREAS DE INFLUÊNCIA 153
GASTOS DO PESSOAL 154
PREVIDÊNCIA E VIOLÊNCIA 155
DEMOCRACIA 156
REALEJO DA PREVIDÊNCIA 157
TRABALHO E PERSPECTIVA 158
DIREITO À SAÚDE 159
LEGADO MARAVILHA 160
DESEMPREGO 161

SEGURANÇA DO PROFESSOR

Não há como, nem faria sentido, dar proteção somente aos professores, pois também os médicos, dentistas, psicólogos, enfermeiros e todos os outros profissionais de todas as áreas estão desprotegidos pelo descontrole das relações, em que o respeito e consideração foram substituídos pelo desmando e corrupção. Assim, o remédio deve ser para a saúde de todo o corpo e não somente a uma de suas partes.

Conclui-se que a partir da construção de Brasília e da mudança da capital, viralizou-se a anarquia dos desvios e espertezas. Com isso, o trabalho honesto e competente foi desvirtuado, daí os efeitos colaterais da violência e insegurança a partir da fronteira porosa para armas, drogas e contrabando, que tornam o seu combate uma tarefa inglória de enxugar gelo. Por outro lado, a carência em tudo acende a não aceitação e a exacerbação dos ânimos, tanto nas escolas quanto nos hospitais, tornando insuportável a faina desses profissionais.

Por fim, a armadura dos mestres em reprovar, tirar da sala, suspender e expulsar perdeu o efeito e agora se volta contra seus algozes, demandando habilidade ímpar e quase impossível face à ausência do apoio do sistema que se contenta com vantagens para uns e sofrimento para todos os restantes.

IMPOSTOS E CONTAS PÚBLICAS

As contas públicas jamais serão sanadas com o aumento de taxas e impostos, pois eles minguam no caminho entre o contribuinte e o sistema corroído de desvios e desmandos. Assim, nem acabando com a Previdência e o SUS, como prognosticam alguns obnubilados, conseguiremos estancar essa sangria maldita que arruína nossa saúde em milhões e bilhões acumulados em benesses de marajás, malas, caixas, pacotes e envelopes de dinheiro vivo extraído de Prefeituras, estados, estatais e propinas de orçamentos, pois o pretexto é pífio e vazio.

Conclui-se que é preciso saber o que queremos e podemos neste país enorme, rico, sem acidentes naturais, mas infectado por diabruras sem fim daqueles que deveriam nos honrar por terem sido escolhidos representantes do povo, mas que, na realidade, representam tão somente a si mesmos.

HEADHUNTERS

Hoje, o jornal noticia que na Alemanha se procuram elementos qualificados em todas as profissões. Assim, num país muito menor que o nosso, circundado por competidores, invadido por imigrantes, manchado por crimes do passado recente, ainda se tem garra de trabalhar, desenvolver, produzir e se destacar neste planeta decadente e conflitado.

Conclui-se que estamos numa bolha segregada de desenvolvimento pessoal, grupal e institucional, concebida na construção de Brasília e na mudança da capital, quando e onde vale tudo para fazer o capricho de uns virar flagelo de todos, por meio de fronteira porosa, regiões abandonadas, obras inacabadas, dinheiro vivo e informática, escondido em paraísos fiscais, malas, caixas, pacotes, envelopes e qualquer buraco que se preste a tal. Daí que nada se faz, produz-se, cuida-se. E pode aproveitar os 205 milhões que esperam de um novo presidente e Congresso, aquilo que todos os seus antecessores não fizeram e não queriam que fosse feito.

TETO DE GASTOS

Os gastos estão indissoluvelmente ligados aos desvios e à estagnação socioeconômica do país desde a construção de Brasília e a mudança da capital. Assim, estamos travados pelo teto de gastos e sabotados pelos desvios bilionários que, combinados, resultam numa paralisia cerebral.

Conclui-se que a corrupção e a falta de planejamento nos levaram a essa situação caótica de insegurança e violência, pela porosidade das fronteiras, doenças da dupla saneamento/assistência médica, analfabetismo, transporte unimodal rodoviário, superconcentração populacional, obras inacabadas e uma fileira interminável de fatores negativos desprezados pelo Olimpo Planaltino, que só cuida de se eternizar no poder e nas vantagens, nomeando, indicando e apadrinhando em lugar dos concursados, e que são falsamente indiciados, juntamente com a Previdência e o SUS, já que os marajás só se cuidam na ala VIP do Sírio Libanês e Albert Einstein, além de aposentadoria precoce e privilégios de autoridade vitalícia.

ÔNIBUS, BARCAS, TRENS E AVIÕES

Quando o homem só dispunha de suas pernas para se locomover, tudo tinha que ser simples e próximo de sua caverna ou árvore. Ao passar a utilizar os animais para ajudá-lo a se deslocar junto com as suas mercadorias, o rendimento aumentou significativamente para o estabelecimento de vilarejos, comércio e guerras.

Conclui-se que nós pouco evoluímos desde as caravelas que trouxeram nossos colonizadores para cá, mesmo com a invenção da roda, da máquina a vapor e o pioneirismo de Santos Dumont, que foi obrigado a ir para a França para dar vazão ao seu talento e inventividade, já que, por mau destino da construção de Brasília e a mudança da capital, ficamos reféns da indústria de imitação automobilística, que impede o crescimento dos outros modais de transporte e nos reduz à mediocridade do pneu, em contrapartida aos Estados Unidos, Canadá, França, Inglaterra, Alemanha, Itália, China, Japão e Rússia, que usam barcas, trens e aviões em todas as direções, e que nosso país não vê, abandona, restringe-se e finge não acontecer.

SOLUÇÃO SUS

A ministra do STF prova, sempre que necessário, que a Justiça não é cega nem omissa, podendo usar certeiramente a espada toda vez que os pratos da balança forem desequilibrados por dolo ou irresponsabilidade. Nessa queda de braços entre o SUS e os planos privados de saúde e Previdência, temos traidores dentro do governo e lobbies atuando fervorosamente contra a população e tão somente para preservar e aumentar a sua gordura, por olho grande e ausência de limites.

Conclui-se que a solução está na Constituição, pela garantia de saúde a todos sem distinção, do Oiapoque ao Chuí, do marajá ao trabalhador, para que o SUS seja sempre a solução desprezada e sabotada, a menos que, primeiramente, elaboremos o Plano Nacional de Saúde, com mutirão eficaz de todos os recursos já existentes – municipais, estaduais, federais, beneficentes, particulares e de planos –, sob a batuta do ministro da Saúde, ao mesmo tempo em que sejam confiscados os bens e recursos dos corruptos, desviados de todas as formas, a partir de malas, caixas, pacotes e envelopes, no país e no exterior, seja por sugestão ou pela espada da Justiça, logo e agora, já que, universalizando o SUS, os planos se enquadrarão naturalmente na lei de mercado ou procurarão outras paragens para dar vazão à sua ânsia de sangue com argumentos tirados da manga, da cartola e só Deus sabe mais de onde, já que o luxo de Copa, Olimpíadas, museus, aquários, pracinhas, estátuas e gramados podem muito bem esperar para o Dia de São Nunca, enquanto a saúde é vida e a omissão é a morte.

FUTEBOL, CARNAVAL E POLÍTICA

Esses três ingredientes narcotizantes fazem mal à saúde econômica, social, física e emocional dos brasileiros, uma vez que desviam a atenção da realidade em que estamos imersos. Assim, pagamos a construção de estádios e outras futilidades em todo o país, para serem usados numa Copa, num Carnaval e numa eleição.

Conclui-se que padecemos do mal do cabresto, quando somos restritos em currais eleitorais, atraídos por mesquinharias, mentiras, demagogias, promessas e outras ilusões mais típicas de circos e shows de mágicos ilusionistas, em ampla farsa financiada por corrupção e desvios bilionários desde a construção de Brasília e a mudança da capital.

DESORDEM URBANA

A etiologia dessa patologia sociopolítica é a construção de Brasília e a mudança da capital, deixando o Rio de Janeiro abandonado ao seu próprio azar, já que o esvaziamento econômico e político nos deixaram no vácuo e a mercê da bandidagem de toda ordem. Assim, de jantar dos guardanapos a propinas bilionárias, estamos num misto de plano inclinado e queda vertical, sem paraquedas nem qualquer aparadouro que nos livre de múltiplas fraturas e falência geral de órgãos.

Conclui-se que o adensamento populacional, a favelização, a porosidade das fronteiras, o transporte unimodal rodoviário, subemprego, política habitacional e demagogia não nos deixam saída de um labirinto que cada vez mais se enrosca, para deleite dos que tiram vantagem disso e desgraça dos que padecem por causa disso.

EMBRAER E BOEING

O acordo entre esses dois fabricantes de aeronaves pode desencadear efeitos colaterais positivos no aumento de divisas, do PIB e milhares de empregos na indústria de manutenção e reparo de aviões de todo o planeta. Assim, a partir das áreas industriais da Varig no Rio de Janeiro e Porto Alegre, é possível oferecer serviços a aeronaves Boeing e Embraer, bem como a todos os outros tipos nos demais aeroportos do país.

Conclui-se que os míopes, cataráticos e lentos de raciocínio não conseguem ver os benefícios dessa união e bravejam argumentos medievais e pífios que em nada ajudam a tirar o país desse atoleiro que marajás do passado e do presente nos colocaram e não têm capacidade nem vontade de tirar.

LOBBY DA SAÚDE

A reação da ANS à determinação do STF dá a impressão de que se tem ousadia e certeza do embate a seguir. Assim, as declarações são impertinentes e desrespeitosas com a hierarquia de governo e o povo, que dão a sua razão de existir, pois se não regula a favor do cidadão, sua existência pode ser efêmera.

Conclui-se que o excesso de Ministérios, partidos políticos, agências, nomeados, indicados e apadrinhados forma um caldo nefasto ao povo e que já está na hora de mudarmos a composição dessa mistura maléfica que se arvora substituta do SUS a peso de ouro, só para os mais aquinhoados, pois aos desfavorecidos resta a lista da Márcia na rua, nos corredores e nas cadeiras dos hospitais sucateados por desvios e corrupção, enquanto alguns marajás são muito bem atendidos na ala VIP do Sírio Libanês e Albert Einstein.

EMBRAER E SEGURANÇA

Alguns, por ignorância ou má-fé, vociferam contra o acordo entre a Embraer e a Boeing, nascido pela compra da Bombardier pela Airbus. Assim, o mercado aeronáutico é dinâmico em velocidade supersônica e os mais desavisados ainda estão soltando pipa na atual realidade.

Conclui-se que essa negociação veio a calhar para dar fôlego à nossa empresa, que não teria como competir com a concorrente formada e pereceria como tantas outras ao redor do globo, já que a segurança do país está minada pela porosidade da fronteira a armas, drogas e contrabando, corrupção e desvios sem fim por todo o país, lobbies criminosos lesando a população, assistência médica medieval e cruel, saneamento insano. E a cegueira dos falantes não faz distinção entre o que vem primeiro e o que não tem nada a ver.

PELEGOS E ESTADISTAS

O Brizola denominava de pelego todos aqueles que tomavam carona da oportunidade de se promover e tirar vantagem à custa do alheio, da mesma forma como dava apelidos a seus desafetos políticos, de "jacaré de gravata" a "sapo barbudo". Assim, no limiar das eleições que podem emergir o país ou afundá-lo de vez, ouvimos pronunciamentos bufões de cegos, surdos e tagarelas, que nunca nada fizeram e agora querem entrar no Olimpo Planaltino, na categoria de marajás.

Conclui-se que nada mudou desde a construção de Brasília e da mudança da capital. A corrupção, os desvios e a incompetência irresponsável nos levaram ao atual caos, desde a fronteira porosa, transporte unimodal rodoviário, assistência médica por sorteio, insegurança, violência, saneamento insano e privilégios para alguns por aposentadoria precoce integral e atendimento diferenciado no Sírio Libanês e Albert Einstein.

OVO DA SERPENTE

Candidatos se fantasiam de ovo para esconder a gema de serpente, ensaiando agrados incompatíveis a aliados, partidos e eleitores. Assim, a história se repete desde a década de 60, com a malfadada construção de Brasília e a mudança da capital, a vassoura de Jânio, os marajás de Collor, a Constituição cidadã, a lisura do PT e outras milongas mais, que hipnotizam o povo de A a Z.

Conclui-se que o Brizola estava certo ao apelidar políticos por suas características onomatopaicas, semelhantes a animais de nossa cultura, como "jacaré de gravata", "sapo barbudo" e "porco uivante", já que assim não há como disfarçar as manobras mentirosas de resolver Previdência sem acabar com corrupção e desvios, segurança sem monitorar a fronteira, pacificação sem desfavelização, saúde sem mutirão do SUS, mobilidade sem destronar o pneu, educação sem acabar com o analfabetismo, e nacionalismo sem orelha e rabo de asno crescendo patologicamente num mundo globalizado e dolarizado.

ANS E PLANOS DE SAÚDE

"O que não existe para servir, não serve para existir", diz o velho adágio popular, que bem se ajusta ao comportamento e pronunciamento de porta-vozes audaciosos e indiferentes ao que ocorre quanto à assistência médica no país. Assim, mesmo que sejam nomeados, indicados ou apadrinhados, não lhes cabe direito de zombar do caos em que se encontra o SUS e os planos, quer desestruturados ou ávidos de lucros sem fim, à custa de argumentos pífios.

Conclui-se que a obrigação da ANS é harmonizar inteligentemente a anarquia do SUS e a voracidade dos planos, imputando as despesas ao segurado e mantendo os lucros intocados e ascendentes, pois se em outras paragens as vantagens lhe são melhores, resta se mudarem para lá, pois sempre haverá quem queira bem servir a lucro razoável e compatível com a clientela.

IMÓVEIS E AUTOMÓVEIS

Os desavisados compram apressadamente sem assegurar a condição desses itens, que podem estar em estado irregular e trazer aborrecimentos ou prejuízos a eles. Assim, tanto vendedores como compradores devem ser pesquisados pelos diversos instrumentos disponíveis que, invariavelmente, irão detectar irregularidades e ilegalidades. Conclui-se que ofertas muito favoráveis sempre escondem má-fé de comerciantes e consumidores, pois se não existe almoço grátis, também não há vantagem sem contrapartida.

EDUCAÇÃO NÃO É SOLUÇÃO

Os países hoje proeminentes, eventualmente foram colonizados por entes mais evoluídos, porém todos primeiramente construíram uma infraestrutura básica, sobre a qual foi mantido um sistema educacional. Assim, os Estados Unidos fizeram a Marcha Para o Oeste e estabeleceram um sistema de transporte multimodal por todo o país; idem o Canadá, a Alemanha do pós-guerra, que teve de reconstruir tudo e posteriormente fez seu sistema educacional; idem China, Rússia e Japão, só para citar alguns exemplos.

Conclui-se que por aqui não se termina obra de escola, não se tem transporte escolar, desvia-se merenda e não se faz manutenção de escola pronta. Daí que a saúde, infinitamente mais importante, está na rua da amargura, nos corredores e nas filas mal geridas dos hospitais. Ainda, temos um saneamento doente, transporte unimodal rodoviário, corrupção, desvios, violência, insegurança, habitação, analfabetismo, num quadro em que temos emprego de menos e intelectuais demais para nossas realizações medíocres. Logo, a educação é o enfeite do bolo que, sem a massa, não se sustenta nem pode existir como tal, pois o mérito do concurso foi trocado por nomeados, indicados e apadrinhados, que lá estão para se locupletar.

METRÔ NORTE-COREANO

Na capital Piongiang o metrô foi inaugurado em 1969, enquanto por aqui estávamos ainda curtindo os aero-willys, fuscas, kombis e gordinis impostos pela construção de Brasília, a mudança da capital e a submissão à indústria de imitação automobilística. Até a Coreia do Norte se adiantou no transporte multimodal em trilho, água e ar, pois mesmo sendo um pequeno país, compreendeu a importância da mobilidade eficaz.

Conclui-se que estamos atrasados em fatores fundamentais ao progresso, como transporte, assistência médica, saneamento, segurança, habitação e analfabetismo, de sorte que para fechar as contas é imprescindível acabar com a corrupção, os desvios, nomeações, indicações e apadrinhamentos, a par dos privilégios da casta superior em aposentadoria integral precoce e benesses exclusivas, tal como atendimento diferenciado no Sírio Libanês e Albert Einstein.

CULPA DA VASSOURA

Se esse instrumento se presta à limpeza de ambientes e não o faz, não lhe cabe renunciar, já que sua tarefa não é um direito e, sim, uma obrigação. Assim, ao longo de nossa história, desde o infeliz engodo da construção de Brasília e da mudança da capital, com mais de 50 anos em desgraça, colecionamos falsos líderes, que nos prometeram fartura e felicidade, mas nos legaram corrupção e insegurança.

Conclui-se que nesse próximo pleito devemos ficar alertas para higienistas reprovados pela Anvisa, já que mais contaminam do que assepsiam, e que vassoureiro, marajeiro, constitucioneiro, professor petulante, mão furada e deslumbrada ausente já tivemos de montão e não cabe repeteco, pois as tarefas pendentes exigem uma equipe capaz e competente para lidar com uma campanha contra os concursos prestigiando nomeados, indicados e apadrinhados, analfabetismo, habitação, saneamento, transporte unimodal rodoviário, assistência médica, insegurança, violência, fronteira porosa, desemprego, favelização, currais eleitorais e educação profissional carente de direção, pois, de outra forma, continuaremos rezando pela cartilha do "Pedro Pedreiro", esperando tudo, inclusive a morte, por abandono e eutanásia.

APROVEITAMENTO DA ÁGUA

Desde 1500 temos estações de chuva e seca em todo o país, só que o consumo de água e energia hidroelétrica cresceu exponencialmente e, agora, está aquém do consumo, uma vez que estamos em recessão industrial, econômica e social. Assim, com um número imenso de promessas de políticos, engenheiros, economistas, administradores e naturalistas, ainda não conseguimos elaborar uma solução para acumular a água da chuva para os períodos secos ou transpor rios para outras localidades, uma vez que a do São Francisco ainda não foi concluída.

Conclui-se que em 518 anos ainda não aprendemos e amadurecemos para assumir integralmente nossos 8.500.000 km² de terras férteis, ricas, sem acidentes naturais, vizinhos hostis. Continuamos no regime antigo de capitanias hereditárias, coronéis de latifúndio e currais eleitorais, que paralisam o progresso, o emprego e a saúde do povo, que desde a construção de Brasília e a mudança da capital só retrocedeu em função da corrupção, desvios, nomeações em vez de concursos, e benesses sem fim para marajás municipais, estaduais e federais, no padrão Sírio Libanês de helicóptero.

CRIAÇÃO DE EMPREGOS

Excetuando-se na pecuária e na agricultura, nada se perde, nada se cria, tudo se transforma. Assim, a energia e a economia são totais e os empregos só se fazem necessários e reais na medida em que sabemos o que fazer com esse imenso território rico, sem acidentes naturais, sem inimigos na vizinhança; no entanto estamos perdidos no espaço, no tempo e na vigília.

Conclui-se que só estancando a sangria da fronteira, da corrupção, dos desvios, da favelização, do transporte unimodal por pneu, do adensamento exponencial em grandes cidades, precariedade em saneamento e saúde, indicados, nomeados e apadrinhados em lugar de concursados, SUS e Previdência sabotados por todos os lados, nacionalismo cego sem sincronia com a globalização, é que transformaremos nossos pecados em virtudes e abandonados em empregados, que só se sustentam com inteligência, que nossos gestores têm muito pouco, pois o espaço cerebral está ocupado por esperteza doentia.

METRÔ E AVIÃO

O metrô de Moscou foi inaugurado em 1935 e o de Piongiang em 1969, porém o carioca foi minguado na década de 80. Assim, estamos sempre a reboque do progresso, culpando os outros por nossas falhas e omissões.

Conclui-se que embora Santos Dumont seja brasileiro, por aqui, quando se tem avião, a pista não é compatível; e quando a pista está disponível, não se tem avião. Igualmente, têm-se projetos no papel, trilhos sem trens e trens sem trilhos, além de muita água sem barcas e navios, já que o rei pneu se arvora exclusivo, para nosso azar e catatonia.

REFORMAS FAVELADAS

A demagogia e cegueira pública insistem em investir em áreas falidas de infraestrutura, recuperação, segurança e benefício social. Assim, depois do fracasso das UPP, fica patente que a solução está na desfavelização e não no estímulo aos currais eleitorais. Conclui-se que o adensamento populacional em cidades arruinadas em saneamento, assistência médica, transporte unimodal rodoviário, desemprego, violência, moradores de rua e educação profissional mal direcionada, faz com que o racional seja a multiplicação dos polos de atração populacional, até estimulando a faixa fronteiriça que poderia contribuir para a inibição de entrada de armas, drogas e contrabando, já que o combate ao narcotráfico é um autêntico enxugar gelo por todo o país.

POPULAÇÃO CARCERÁRIA

A nossa população carcerária está implodindo, ou seja, aumentando para dentro, com tuberculose, motim, fugas, liderança de facções, degradação humana e outras desgraças mais. Assim, como por aqui nada se planeja, tenta-se debelar o efeito sem tratar a causa, em porosidade da fronteira a armas, drogas e contrabando, a corrupção e os desvios, nomeados, indicados e apadrinhados, privilégios a marajás e castigo aos trabalhadores, de tal sorte que somos atropelados por uma avalanche de péssimos resultados em função das iniciativas que não tomamos.

Conclui-se, primariamente, que: um mutirão de regularização dos processos de presos que já cumpriram pena em todo o país; discriminação dos pequenos delitos que podem ser tratados fora da prisão; desfavelização mediante a multiplicação dos polos de atração populacional, que poderá trazer empregos e diminuir conflitos; educação profissional objetiva, tipo Senai, Senac e Faetec, a partir do primeiro grau com noções de saúde, higiene, respeito, limpeza e organização, com benefícios para a infância e juventude, para serem melhores adultos amanhã, são medidas primordiais para ontem.

BURGUÊS NOVO RICO

Essa nova casta de falsos nobres nasceu no Olimpo Planaltino e esnoba as regras de comportamento ético e social no culto ao seu umbigo e imagem. Assim, compete por qualquer item vazio de conteúdo moral ou humano, escravizando-se ao luxo de posses brilhantes e repletas de mudanças, como o dia e a noite.

Conclui-se que os condomínios de luxo circundados por favelas em hiperplasia desmedida estão condenados a decair por esvaziamento da economia e custo crescente de taxas, impostos e obras de toda sorte, principalmente as inúteis, que muito se assemelham aos que as promovem.

FAVELIZAÇÃO IMOBILIÁRIA

A gula por lucros de qualquer modo e a qualquer preço nos fez retroceder 50 anos em cinco, com a construção de Brasília e a mudança da capital. Assim, em vez de ocuparmos e desenvolvermos todo o país, privilegiamos um Olimpo Planaltino, em que marajás esbanjam recursos em palácios, porões, casas de lago e apartamentos funcionais.

Conclui-se que "crescemos" para trás e para baixo, tal qual cauda de muar, pois não ocupamos a fronteira, não temos transporte multimodal, o saneamento é insano, a assistência médica é triste, analfabetismo crescente, educação perdida em objetivos e resultados, violência, insegurança e habitação bipartida entre promessas falsas e favelização em castas, já que se constroem condomínios de luxo para quem não pode pagar prestações, taxa condominial e impostos, ao mesmo tempo em que se isenta gatos para miseráveis que se refugiam em favelas denominadas comunidades, numa anarquia criminalizada por território de narcotraficantes e currais eleitorais sem eiras nem beiras, sem sorte nem dignidade, que não sejam as mentiras dos candidatos vociferando demagogias travestidas de plano de governo.

PLANEJAR É PRECISO

Como nada acontece por acaso, agir sem pensar faz com que os recursos e as possibilidades escapem entre os dedos. Assim, desde a Ilha de Vera Cruz a Brasília, caminhamos aos trancos e barrancos, para deleite das castas privilegiadas e desgraça dos párias.

Conclui-se que se faz necessário estudar causa e efeito, probabilidade e impossibilidade, pois, de outra forma, a vociferação animalesca dos candidatos já formalizados vai seguir a vala comum do passado niilista, espetaculoso e de resultados pífios, pois todos querem ser respeitados e participar do progresso, já que acelerar e frear ao mesmo tempo é política de anágora claudicante.

DOBRADINHA INSÓLITA

Como se não bastasse um anjo caído do céu por descuido e ausente de consciência na Prefeitura, agora se arquiteta uma variação alotrópica do mesmo elemento enganador, manipulador, espetaculoso, viscoso e de mau gosto. Assim, o Rio de Janeiro, que desde a mudança da capital não tem nada de maravilha, assina uma pá de cal e golpe de misericórdia no que ainda tem de vida e esperança, pois a corrupção, desvios, indicados, nomeados e apadrinhados, favelização crescente, saneamento insano, assistência médica pela Marcia, casas e prédios que desmoronam, transporte unimodal rodoviário, violência, insegurança, desemprego, analfabetismo, educação profissional perdida e tudo o mais, já que a anarquia é o meio mais sutil de escravizar os incautos, fiéis e infiéis.

Conclui-se que não se devem repetir figuras carimbadas de pés e mãos não confiáveis, quer faltando ou não uma parte automutilada, dado que acabam sempre grudando no troninho e dele não querem mais sair, mesmo não "fazendo" nada ou se lambuzando dos pés à cabeça.

PARTIDOS, LOBBIES E CURRAIS

Esses três balcões de negócios escusos infestam o país desde a construção de Brasília e a mudança da capital. Assim, negociaram a raspagem dos cofres dos caixas da Previdência que excediam em habitação, saúde e aposentadoria; venderam a exclusividade do pneu e a extinção do trilho, da água e do ar; abandonaram o oeste, o norte e o nordeste, as fronteiras seca e molhada; favelizaram todas as médias e grandes cidades do país; não administraram o saneamento e a água tratada; sabotaram o SUS e a Previdência; instauraram o desemprego e o analfabetismo; inocularam a corrupção e o desvio em todos os órgãos públicos e impuseram o regime de violência e insegurança para todos.

Conclui-se que, novamente, aparecem envelhecidos, gordos, agressivos, esclerosados, tapados como nunca, pelegos de quinta categoria, a prometer o que nunca fizeram quando podiam e agora, desgastados e sucateados, sem neurônios, bufam e claudicam como muares frente a um povo fragilizado e perdido entre sofrimento e eutanásia por décadas.

MIRAGENS DA VIDA

A demagogia política habita todos os partidos e regimes, e no afã de manipular o povo promete-se tudo, até excursão ao paraíso. Assim, o programa "Minha Casa, Minha Vida" não caminha para a maioria dos 205 milhões de brasileiros. Na realidade, vê-se o aumento da favelização em todo o país, impulsionada pelo espírito dos currais eleitorais e território de narcotráfico.

Conclui-se que a saúde, a comida e a casa para todos só serão atendidas quando assumirmos os 8.500.000 km² ainda governados em grande parte por capitanias hereditárias e coronéis de latifúndio, quando a racionalização de recursos dará impulso ao progresso e economia que, por sua vez, dará oportunidade a todos, pois do jeito que a gentalha do poder se finca na corrupção, nos desvios e em proveito próprio, moraremos na mentira, comeremos fantasia e usufruiremos de saúde *fake*, já que esquerda, direita e centro são variações alotrópicas de um mesmo elemento chamado guardanapo francês, ou dinheiro vivo em malas, caixas, pacotes e envelopes assépticos.

NOMEADOS, INDICADOS E APADRINHADOS

O jornal de hoje foca em primeira página na ausência de concursados e competentes nas agências reguladoras e até nos Ministérios, já que o gestor da Saúde não é médico e já tivemos um manicaca na aviação civil que não sabia nem fazer ou brincar com um aviãozinho de papel. Assim, fazemos voo cego, sem habilitação nem instrumentos, e justificamos os acidentes à maldade da natureza ou culpa sem crime.

Conclui-se que não colocamos competentes em nossa administração e culpamos outrem por nossos fracassos, desde as calmarias de Cabral ao desastre da construção de Brasília e da mudança da capital, onde moram os marajás do Olimpo Planaltino e onde vão buscar mimos os também marajás municipais e estaduais, sem preocupação ou responsabilidade com a saúde, o saneamento, o transporte multimodal, as moradias, a segurança, a violência, o analfabetismo e a educação profissional sem direção, já que tudo isso é para párias; e os lobistas vieram para se locupletar, adorar-se e se tratar no Sírio Libanês, que para os pobres não dá nem uma banana, mas, por vezes, dá uma cartilha do "Pedro Pedreiro", para esperar no corredor da eutanásia.

GREVES E REFORMAS

Atualmente, toda a culpa pelo fracasso econômico dos governos demagógicos deste início de século é atribuída à greve dos caminhoneiros e necessidade de reformas tipo Dr. Bumbum, o que, na realidade, é tão somente um efeito colateral da construção de Brasília, a mudança da capital e a submissão à indústria de imitação automobilística. Assim, os comentaristas e gurus econômicos escondem o caos gerencial com o escudo desse dueto greves/reformas, que nada mais foi do que um reflexo incontestável do transporte unimodal rodoviário, que nem Uganda, Benin ou Bangladesh adotam.

Conclui-se que não demora a culparem os caminhoneiros, empresários e falta de reformas pela criminalidade oriunda das fronteiras, da corrupção e do clientelismo que pululam no Olimpo Planaltino de A a Z, já que tudo mais é função do cérebro, que lá não funciona, e do corpo, que aqui padece, uma vez que as reformas são receitas de Lúcifer para nos desgraçar ainda mais, para deleite dos senhores feudais corruptos e eutanásia do povo, com tudo que necessitam para sobreviver minimamente.

ENGENHEIRÓLOGO

Brizola era um misto de engenheiro com antropólogo e gostava de apelidar aliados e adversários com denominações características de um ou mais bichos de nossa fauna. Assim, ele hipoteticamente poderia denominar o animal pré-histórico achado recentemente na caatinga nordestina como xirolooping, monstro de quatro patas, quatro braços e duas cabeças, talvez sem cérebro, mas muito agressivo e ladino em enganar os próximos e distantes.

Conclui-se que políticos clássicos como o Leonel não se fazem muitos mais. Hoje restam pelegos e papagaios de pirata que tomam carona de líderes e partidos, mudando de lado com a perspectiva de vantagens ou guardanapos. O povo, hipnotizado, não vê, não percebe e não reage ao abandono em que se encontra, esperando que promessas vazias e ensaiadas por gênios de marketing, que nos assolam desde a construção de Brasília e a mudança da capital, sejam realizadas.

VERBORRAGIA E VERBORREIA

Ao longo da história, os políticos são os mais afetados por essa patologia social, já que essa é uma forma comprovadamente eficaz de influenciar e manipular multidões para quaisquer propósitos. Assim, mais recentemente tivemos Lenin, Hitler, Mussolini, Fidel Castro, Peron, Jânio, Lula e Ciro, dentre muitos que hipnotizaram milhões no sentido da necessidade e conflito interior desses personagens.

Conclui-se que o povo não tem defesa contra essas promessas que vêm de encontro às suas ansiedades, frustrações e necessidades básicas da saúde, segurança, emprego, transporte, habitação e outras mais, que prometem compulsivamente, em vazio, desde a construção de Brasília, que inequivocamente foi a maior desgraça dos brasileiros, que nos fez retroceder 50 anos em cinco, cheios de drogas, armas e contrabando pela fronteira aberta a tudo que não nos serve, inclusive a fala dos corruptos e carentes de tratamento especializado, quer criminal, quer emocional.

REFORMA TRABALHISTA

A original foi estabelecida por Getúlio Vargas, na década de 40, e funcionou muito bem até a construção de Brasília e a mudança da capital, quando cedemos à chantagem da indústria de imitação automobilística e asfixiamos o transporte multimodal em trilho, água e ar. Assim, de jogada em jogada, o lobby da escravatura disfarçada e do quanto pior, melhor, foi emparedando o cidadão com subemprego, desemprego, analfabetismo, saneamento insano, assistência médica por sorteio, transporte no pneu, crise de moradia, insegurança, violência, fronteira porosa e, agora, o golpe final, sem misericórdia, para a eutanásia do abandono pela tirania do trabalho.

Conclui-se que os partidos políticos são sindicatos privilegiados, em cujos privilégios reforma nenhuma põe a mão, nem impõe acordado pelo legislado ou que o miserável pague as despesas judiciais, já que essa reforma foi feita por eles na penumbra da madrugada Planaltina, em palácios, porões e apartamentos funcionais, de mesmo DNA que sabota o SUS e a Previdência, mas que tem tudo por corrupção, guardanapos, sítios, triplex, malas, caixas, pacotes e envelopes, exatamente como se prevê na atual campanha eleitoral, em que mágicos e ilusionistas de todos os partidos tiram promessas *fake* da cartola, mas se aposentam com oito anos de mandato e benesses de marajá; até band-aid aplicam no Sírio Libanês.

INSUSTENTABILIDADE DOS MUNICÍPIOS

Após as capitanias hereditárias e coronéis de latifúndio que sobrevivem até hoje, criaram-se os municípios, que se reproduzem como praga e sugam recursos públicos sem dar quase nada em troca, a não ser multiplicar o número de prefeitos, vereadores, secretários, assessores, indicados, nomeados e apadrinhados. Assim, em vez de um mutirão da saúde com os recursos municipais, estaduais, federais, particulares, beneficentes e de planos hoje disponíveis, os municípios apresentam um caos insolúvel em UPAs e hospitais, onde falta tudo, menos atendimento indigno.

Conclui-se que a administração municipal é falida e contaminada por incompetência e politicagem até na Cidade Maravilhosa, palco de Copa, Olimpíadas, museus, aquários, jardins, estátuas, botequins e festivais, com milhares de miseráveis morando nas ruas, filas intermináveis de doentes aguardando atendimento médico, incalculável desemprego, favelização crescente, saneamento insano, violência, insegurança, e ninguém para responder por esses pecados, nem mesmo aquele anjo que caiu do céu por descuido.

SUPERAÇÃO DA RECESSÃO

Hoje, em primeira página, o jornal anuncia a previsão de futurólogos, búzios, mensagens espíritas, cartas, cartolas, mangas e assemelhados, que o nosso caos irá emergir em 2020, não se sabendo como nem por quê. Assim, os arautos das reformas trabalhista e da Previdência, falência do SUS e da aposentadoria, receitam privatizar tudo, inclusive a favelização do país e o mutirão do narcotráfico.

Conclui-se que aquele livro *O homem que calculava* já previa essas trapalhadas com a matemática e a estatística, desvirtuando os resultados para obnubilar o povo debilitado pelo saneamento insano, assistência médica por sorteio, transporte unimodal pneu, habitação ao relento, violência, insegurança, educação perdida, analfabetismo, fronteiras abertas ao crime e outras milongas mais que transformaram este país num cassino após a construção de Brasília e a mudança da capital, já que o *croupier* anuncia as apostas para os marajás de corrupção, desvios, sítios, triplex, malas, caixas, pacotes e envelopes, conforme descrito no livro *Panama papers*.

PIBINHO MINGUANTE

O PIB e a economia nacional estão na UTI desde a construção de Brasília e a mudança da capital, só que o estado desses pacientes têm se deteriorado acentuadamente, em direção contrária a que preveem os econautas surfando em recuperação falsa por sinais vitais *fake*. Assim como só existe cura espontânea na biologia, nossa economia está intimamente ligada à deteriorização de seus órgãos internos, como saneamento, assistência médica, transporte unimodal, moradias, adensamento populacional insano, analfabetismo, insegurança, violência e educação perdida de objetivo e efeito.

Conclui-se que o PIB vai de mal a pior porque nossos cuidadores se esqueceram do conceito de saúde total e perdem-se em detalhes insignificantes e inócuos para a melhora do paciente. A greve dos caminhoneiros pode ser considerada uma simples alergia, oriunda da exclusividade do pneu, o saneamento e a saúde, pelo sucateamento do SUS e da Previdência, a insegurança e a violência pela fronteira porosa a armas, drogas e contrabando, e a derrocada das faculdades particulares pelo subemprego, desemprego, falta de perspectiva e risco de se movimentar pelas cidades de dia ou de noite. Parece que estamos sendo cuidados por um Dr. Bumbum e sua equipe desde a década de 60, tal o péssimo estado pós-reformas já feitas e a serem impingidas por obra de Lúcifer. Já se pode prever um óbito por falência geral de órgãos ou eutanásia cultivada cinicamente pela corrupção, desvios, sítios, triplex, guardanapos, malas, caixas, pacotes, indicados, nomeados e apadrinhados de toda sorte, medíocres, incompetentes e irresponsáveis municipais, estaduais e federais.

MUITO MAIS TEMPO

Os guias espirituais que cuidam dos males que nos acomete em desenvolvimento econômico, social, físico e moral afirmam unanimemente que a cura demanda um mínimo de 5% do nosso tempo de existência, ou seja, 25,9 anos dos 518 desde a chegada daquele Cabral. Assim, de previsão *fake* a blefe sem cartas, nossos políticos e tecnocratas vão nos fervendo em banho-maria desde a construção de Brasília e a mudança da capital.

Concluímos que somos o país de Pinóquio: Gepeto nos fez com nariz comprido e de madeira, de sorte que ficássemos desequilibrados e sem mobilidade própria, na mão de corruptos, desviantes, nomeados, indicados e apadrinhados, mentirosos, enganadores, chantagistas e caras de pau, que sempre se cuidam no Sírio Libanês para patologias do umbigo e síndromes de espelho.

AGÊNCIAS REGULADORAS

O jornal de hoje afirma que as agências são administradas por indicações políticas e que beneficiam as empresas dos planos de saúde e que, dessa forma, não querem se subordinar à Constituição e muito menos ao benefício da assistência ao consumidor, que é a sua razão inquestionável de existir. Assim, caso verdadeiro seja, não seria novidade que as repartições públicas municipais, estaduais e federais sejam geridas por nomeados, indicados e apadrinhados, de maneira a seguir orientações de seus mentores e deixar o interesse público à margem do esquecimento.

Conclui-se que a assistência médica em geral e o SUS são uma Caixa de Pandora desde a construção de Brasília e a mudança da capital, quando as caixas de aposentadoria foram zeradas para a Festa de Babete, que se tornou o Olimpo Planaltino, e que agora quer confundir tudo liberando o teto de reajuste dos planos individuais com argumentos obnubilantes de custos médicos, como se esses fossem os únicos insuportáveis pela população, como se a assistência médica privada fosse um fundo de investimento conjugado com a bolsa de valores, para ambição e voracidade desmedida de seus acionistas, que, por um lado, torcem para a derrocada do SUS, e, por outro, reivindicam lucros ilimitados numa atividade que deve lidar com a vida e apoio às pessoas, sempre em função matemática com a realidade do país e de seu povo, em que o lucro não é pecado, mas a gula é.

IDEIA FIXA

A obsessão costuma ser uma patologia grave, que pode levar pessoas e países ao caos do tipo latino-americano bolivariano ou tupiniquim, que imita tudo que não presta do exterior, cultiva más companhias e não é capaz de elaborar uma ideia que se ajuste à condição peculiar da nossa Caixa de Pandora. Assim, o setor público foi quebrado pela construção de Brasília e da mudança da capital, quando as Caixas de Previdência foram raspadas e a deusa corrupção ganhou altar no altiplano.

Conclui-se que nenhuma mágica de algibeira, mandinga, feitiçaria, encomenda ou reforma irá mudar o quadro de anarquia celular patrocinada por desvios, indicados, nomeados, apadrinhados, obras inacabadas, saúde por sorteio, habitação rachando, currais eleitorais, transporte por pneu, insegurança, violência, epidemias, saneamento insano, que numa tacada de mestre mude um sistema facisto-populista da década de 40 para um paraíso capitalista, em que a assistência médica e a previdência são pagas a peso de ouro várias vezes, mas só funcionam para os marajás de benesses, aposentadoria precoce aos oito anos de mandato e lugar cativo na ala VIP do Sírio Libanês. E para o resto temos a miséria, a indiferença e a eutanásia programada em curso.

JOGO DA SAÚDE

O jogo do bicho já foi muito popular por aqui e até era acusado de associação a práticas criminosas. Atualmente, perdeu prestígio e poder para dar lugar à corrupção, narcotráfico, desemprego, subemprego, saneamento insano, transporte no pneu, violência e insegurança. Assim, a saúde, que é o bem maior de tudo para o ser humano, foi relegada à prioridade lanterninha, em desacordo com a Constituição, e passa a ser vendida juntamente com a Previdência privada, em bancas de feira e camelôs sedentos de sangue e lucro sem limites, tendo indicados, nomeados, apadrinhados e outros kits como aliados.

Conclui-se que para o povo só resta cantar o "Pedro Pedreiro" e esperar que mais uma eleição dos mesmos vá mudar tudo, ou seja, que os marajás se cuidem no SUS, morem na "Minha Casa, Minha Vida" e o povo seja atendido regiamente no Sírio-Libanês ou Albert Einstein, em vez de na rua, nos corredores e filas viciadas, que só andam para os escolhidos.

URBANIZAÇÃO CAÓTICA

O setor de bares e restaurantes agora dá palpite errado sobre o planejamento urbano no Rio de Janeiro, como se esse comércio já não ocupasse demais as ruas e calçadas, num puxadinho que empurra os pedestres para o meio da rua e, por vezes, atrapalha até o trânsito de veículos, principalmente à noite e nos feriados. O adensamento populacional é privativo dos cupins, abelhas e formigas; para os humanos, temos o exemplo da experiência dos ratos, na qual a exiguidade progressiva de espaço eleva exponencialmente a violência e a autoextinção.

Conclui-se que temos palpiteiros demais para uma cidade que foi degradada desde a maldita construção de Brasília e a mudança da capital, quando a favelização foi estimulada pelo narcotráfico, especulação imobiliária e currais eleitorais, uma vez que o planejamento urbano inexiste ali desde sempre, a não ser a demagogia favela-bairro, donde se extrai que Nova York, com suas cinco sessões amplas, ventiladas, seguras e plenas de infraestrutura, direcionam sábia e eficazmente as áreas residenciais face ao ruído, transporte multimodal, esgoto canalizado, luz sem gatos, violência e insegurança na jaula da tolerância zero, e moradias distanciadas, para que se possa morar mais longe, melhor, e a preço expressivamente menor, tal como num país tropical de 8.500.000 km², com cidades amontoadas de pessoas, numa anarquia de toda sorte. A Paris dos sonhos desse empresário nunca foi, não é e possivelmente nunca será, a menos que exportemos os nomeados, indicados, apadrinhados, guardanapos, triplex, sítios, malas, caixas, pacotes, envelopes e outros truques que nos assolam desde a ideia Luciferiana de nos submeter aos palácios, porões e apartamentos funcionais do Olimpo Planaltino, onde os marajás moram no plano piloto ou à beira do lago, e os párias nas cidades livres em torno, cuja presente ideia quer empacotar, numa verticalização suicida, tipo prato feito de pobre.

PREVIDÊNCIA GENI

Como na música "Geni e o Zepelim", os comentários diários no jornal e televisão se sucedem com o mesmo ódio à assistência médico-social aos necessitados das classes A a D, como se a podridão da corrupção e desvios fosse culpa deles. Assim, reza a Constituição e cabe cumpri-la integralmente na forma e letra da lei, a menos que se reconheça que somos uma sociedade mal disfarçada de castas inaugurada pela construção de Brasília e pela mudança da capital.

Conclui-se que todos esses pseudobenefícios, pendurados pela demagogia populista Tupiniquim/Bolivariana a partir da década de 60 até os recentes verborrágicos de "Salário-família" e "Minha Casa, Minha Vida", sempre em maracutaias e prédios rachando ou ruindo, fazem parte da estatística demográfica que desconhece a fronteira porosa a armas, drogas e contrabando, o adensamento populacional criminoso nas cidades sem infraestrutura, o saneamento insano, a assistência médica da Marcia, o transporte unimodal rodoviário, as obras inacabadas, o subemprego e o desemprego, a violência, a insegurança, o analfabetismo, a bala perdida, doutores e doutoras bumbum, analfabetismo, triplex, sítio, malas, caixas, pacotes e envelopes de dinheiro vivo ou atenuado; que esse coro desafinado, obnubilado e cínico grita histericamente e joga pedra na Previdência, impondo produtividade para idosos caindo aos pedaços física e emocionalmente, desatualizados com a tecnologia que muda a cada minuto, trocando as pernas para que poucos produzam muito e muitos fiquem abandonados na reserva miserável; órfãos do SUS, da aposentadoria, em benefício dos planos particulares em lobby político e marketing bilionário, já que eles estão no Sírio Libanês, além da aposentadoria precoce maravilha, e o resto imprensado entre a "Pedra da Geni" e o "Pedro Pedreiro" dos currais eleitorais, patrocinadores e cérebros do narcotráfico e assemelhados, matando e morrendo em qualquer idade ou planejadamente por eutanásia fantasiada.

MÃO CHEIA E CONTA-GOTAS

Nesse patropi, a corrupção desvia de mão cheia e devolve em gotas homeopáticas, daí que um crime de bilhões é brindado com punição de centavos. Assim, as contas públicas, devoradas por traças gigantes, são combatidas com microglóbulos de naftalina absolutamente inócuas.

Conclui-se que o sol causticante na saúde e na Previdência do povo está sendo tapado com peneira de malha larga, patrocinada pelos planos de saúde e Previdência privados, que torcem pela derrocada do SUS e INSS e procuram de toda forma extrair as ultimas gotas de sangue remanescentes nos condenados à eutanásia em massa, que o conluio dos narcotraficantes, currais eleitorais e negociatas bilionárias impõem em contrapartida ao atendimento VIP no Sírio Libanês e aposentadoria gorda antecipada aos marajás, além de todas as mazelas da infraestrutura pública temperadas por malas, caixas, pacotes e envelopes com cartas de amor de nossos municipais, estaduais e federais.

CHECKUP MÉDICO

A aviação é o ramo de atividade que requer checkup periódico em aeroviários e aeronautas, que conhecemos desde 1960. Este ano fomos surpreendidos com a descontinuidade da avaliação para civis no Centro de Medicina Aeroespacial da Aeronáutica (Cemal), uma vez que esse serviço passou para consultórios e clínicas credenciados. Assim, essa instituição especializada, com infraestrutura e equipe próprias, iniciava a inspeção às 7 horas e tinha o resultado em laudo às 3 horas da tarde.

Conclui-se que a excelência dessa instituição dificilmente possa ser igualada por seus substitutos, já que o checkup médico é imprescindível para evitar incidentes e acidentes aeronáuticos, requer profissionais especializados e experientes nesse tipo de atividade, para atingir o nível exigido internacionalmente. Por fim, outras atividades públicas e privadas podem se beneficiar dessa prática no sentido de manter a saúde e evitar agravamento de quadros silenciosos ou não.

PRODUTIVIDADE E O VENTO

O vento, a chuva, o sol, as marés e a natureza em geral podem ajudar a produtividade na medida do seu humor e vontade, indo de zero a infinito, desde a calmaria à destruição desordenada. Assim, endeusar a produtividade sem considerar o aumento populacional, subemprego, corrupção, desvios e propinas, é de um sadismo exponencial.

Conclui-se que a pirâmide laboral requer mais físico do que academicismo virtual, num decrescente até chegar ao pontual. Daí que o mérito deve ser o equilíbrio da lei, considerando a especificidade das pessoas e a enorme gama de possibilidades nesses 8.500.000 km² mal geridos, com fronteiras desguarnecidas, centro, norte e nordeste abandonados, transporte unimodal rodoviário, obras inacabadas, saneamento a menos de 50%, atendimento médico por sorteio e déficit habitacional, que minguam à eutanásia por culpa das malas, caixas, pacotes e envelopes de dinheiro vivo, triplex e sítio, além de trapalhadas mais no exterior, em conluio com ditadores e verdugos bolivarianos, africanos e turcos, novos bárbaros de hoje.

IDOSOS E JOVENS

O IBGE dá combustível ao fogo cruzado entre idosos e jovens, já que afirma só existir a possibilidade de sobrevivência de uma dessas porções. Assim, para futuro dos jovens, os idosos devem amargar sacrifícios insuportáveis, beirando a eutanásia, sem assistência médica, aposentadoria, teto e tranquilidade. Conclui-se que os tecnocratas de plantão não levam em conta o luxo do Olimpo Planaltino em palácios, porões e apartamentos funcionais, saneamento, saúde, transporte multimodal, balas perdidas, mortalidade infantil, fronteira porosa, narcotráfico, violência, contrabando, segurança, desemprego, subemprego, excessiva densidade populacional, obras inacabadas, corrupção, desvios, triplex, sítio, guardanapos, indicados, nomeados e apadrinhados, malas, caixas, pacotes e envelopes de dinheiro vivo, laranjas, depósitos globalizados e outras milongas mais, que tornam qualquer solução impossível de ser concretizada, a menos que se acabe com os idosos ou com os jovens.

APOSENTADORIA E TRABALHO

Cada vez é mais difícil se aposentar e, acima de tudo, só com valores insuficientes para a sobrevivência de um indivíduo e muito menos de uma família. Assim, como solução disponível, as pessoas que ainda estão empregadas acima dos 50 anos não abandonam seus empregos, quer públicos ou privados, que, por sua vez, bloqueiam o acesso dos jovens, numa atmosfera de crescimento nulo e até retrocesso econômico-social.

Conclui-se que os futurólogos economistas e estatísticos projetam quadros imaginários *fake*, que nada tem a ver com a realidade presente e muito menos futura. Daí que nenhuma reforma patrocinada por lobbies políticos e empresariais pode sequer estancar a hemorragia das contas publicas, já que a tomografia acusou indicados, nomeados, apadrinhados, corrupção, desvios, propinas, fronteira porosa, triplex, guardanapos, sítio, malas, caixas, pacotes e envelopes de dinheiro vivo, que os feiticeiros de plantão injetam no povo indefeso, frágil e direcionado sutilmente à eutanásia programada por currais eleitorais, narcotraficantes e criminosos globalizados.

NEGÓCIO DA CHINA

Os chineses enxergam longe, são sábios e correm na velocidade de manter o controle e obter o melhor resultado, tendo o tempo como aliado e não como adversário. E nós, como enxergamos curto, não somos sábios e nos comportamos como infantis afobados, pensando mais no futebol e no Carnaval, muito circo e pouco pão, e os nossos políticos corruptos e narcotraficantes agradecem.

Conclui-se que a China avança lentamente por terra e por mar, comedidamente, sem sobressaltos. Dessa forma, consegue conviver adequadamente com seus vizinhos próximos e longínquos, disparando na industrialização e na comercialização de ampla gama de produtos e conquistas científicas, tendo como item regulador a bala de alcaçuz, em excelente inibidor de corrupção, criminalidade, desvios, festas de guardanapos, triplex, sítios, malas, caixas, pacotes e envelopes de dinheiro vivo, que por lá equivalem a uma passagem de ida para o além, quer terreno ou celestial, conforme o pecado.

GUERRA AOS PLÁSTICOS

O homem teve de utilizar os materiais disponíveis no seu entorno, como água, terra, vegetação e madeira. Com o tempo e o desenvolvimento de artefatos e construções, esses itens já não preenchiam os requisitos e novos materiais foram elaborados para preencher essa lacuna. Assim, os plásticos invadiram todas as aplicações da vida diária, pela praticidade de aplicações mutantes a cada necessidade.

Conclui-se que a campanha contra o plástico de forma histérica parece esconder interesses de lucros e vantagens não confessáveis, já que a culpa não é do material, mas como o homem trata dele, assim como o faz com o esgoto e todo o lixo não industrializado por todo o planeta, a céu aberto, em rios, mares e ares. Os supermercados querem parar de fornecer os sacos plásticos, mas não abrem mão de vendê-los, pois os de papel são inúteis para o fim a que se destinam. No mundo de hoje não podemos mais sobreviver sem eles, a não ser os caras de pau.

FALE COM A MARCIA

Historicamente, os indicados, nomeados e apadrinhados têm mais valor e oportunidade do que os concursados. Daí que, nessa linha patológica de comportamento, a lei, a ordem e a prioridade ficam em último plano. Assim, graças à construção de Brasília e à mudança da capital, raspamos os cofres das Caixas de Previdência, que excediam em habitação, saúde e aposentadoria, ficando em seu lugar o antigo cartão de visitas recomendando atendimento prioritário.

Conclui-se que a religião e o poder devem respeitar a todos conforme a Constituição e que a promessa de cuidar das pessoas não signifique discriminação obnubilante da campanha eleitoral, assim como a favela-bairro é uma impossibilidade física, legal, econômica e social, cuja bandeira está comida de traças e nem mesmo desfraldada mais no vento.

ÁGUA, ESGOTO E PLÁSTICOS

Frequentemente, demonizam-se os plásticos em função da morte de algumas tartarugas e peixes por ano nos rios e oceanos, enquanto não se cuida da água, responsável pela vida de todos, e do esgoto, responsável pela morte e doença de milhões. Assim, banindo-se os canudos e os sacos plásticos, não se conseguirá que todas as crianças e adultos se vacinem contra epidemias, que o SUS atenda a todos que necessitam, que existam lixões sem industrialização, mais de 50% de esgoto não seja coletado nem tratado e despejado em rios, lagos, lagoas e oceano.

Conclui-se que essa campanha é uma enorme patuscada de efeito nulo, motivando os distraídos que se iludem por futebol, Carnaval e discursos políticos mentirosos, repetitivos, com muito circo e pouquíssimo pão.

CASA GRANDE E SENZALA

A calmaria que se ensina na escola quando aquele Cabral veio parar na Bahia já era *fake new*, pois as realezas de Portugal e Espanha já tinham repartido o butim latino-americano por meio do Tratado de Tordesilhas, visando tão somente a ouro, prata, pedras preciosas e outros bens para sustentar seus palácios, luxos e desperdícios. Assim começou a discriminação entre favorecidos e explorados nesse novo mundo, no qual nossos colonizadores ficaram na praia e só iam ao interior para cata de preciosidades.

Conclui-se que o índio não se prestou à submissão e negros africanos vendidos por seus irmãos de etnia foram trazidos para serem escravos nas minas, lavouras e casas de poderosos donatários de Capitanias Hereditárias e coronéis de latifúndio, que permanecem até hoje, sem disfarce, por todo o país. A abolição da escravatura também foi *fake new* e apenas democratizou a exploração, independente da cor, religião e cultura, até que, na infeliz construção de Brasília e mudança da capital, criou-se a religião corrupção, endeusada por poderosos e espertos, já que ali o projeto narciso separou claramente a Casa Grande no Plano Piloto e a senzala nas cidades livres, da mesma forma que no restante do país se fizeram adensamentos populacionais suicidas, Porto Maravilha, favelização crescente, esgoto insano, habitação popular espetaculosa que racha e rui, governadas por narcotraficantes e milicianos; assistência médica por sorteio, transporte unimodal rodoviário, fronteira porosa para armas, drogas e contrabando, analfabetismo, insegurança, educação profissional desnorteada, insegurança e violência; indicados, nomeados e apadrinhados, triplex, guardanapos, sítios, propinas e tudo o mais que compõe a nossa Caixa de Pandora, na qual ninguém põe a mão, a não ser os marajás de aposentadoria polpuda abreviada e atendimento VIP no Sírio Libanês, mas que, em época eleitoreira, mudam-se para seus currais eleitorais prometendo mundos e fundos, por meio de 40 Ministérios e 40 partidos políticos, extinção do SUS e Previdência oficial, a ser arrebatada por planos particulares sedentos de dinheiro a não poder mais, com o beneplácito de agências que vieram para nos senzalar e eutanasiar sutil e planejadamente.

CRIVELLA CARE

Para "cuidar das pessoas" em saúde é preciso que existam médicos nas unidades municipais, estaduais e federais, quer sejam concursados, de OS, indicados, nomeados ou apadrinhados; médicos sem fronteira que, de qualquer maneira, lá estejam sempre, em número suficiente e com infraestrutura adequada. Assim, nem falando com a Marcia a população consegue ser respeitada por um prefeito de corpo presente e espírito ausente, sem noção e sem atitude, que não seja fala mansa inócua.

Conclui-se que o secretário municipal, estadual e o Dr. ministro da Saúde devem vir a público agora mesmo para explicar o que estão fazendo com essa crise sem fim e sem médicos, sem ao menos aqueles 10.000 meio-médicos cubanos contratados a peso de ouro pela Tia que saiu. Daí que se tragam mais desse tipo de curandeiros de Cuba, Venezuela, Nicarágua, Síria, Irã, Coreia do Norte, da Tailândia ou qualquer país da África, porque estamos em campanha eleitoreira e os eleitores vão jogar pedra na Geni ou pedir que a Tia volte, agora como prefeita, ou mesmo que mande todos os pacientes para o Porto Maravilha, o aquário, os museus, os estádios e outros kits que foram desperdiçados, em vez de cuidar da primordial saúde.

TRABALHAR E PRODUZIR MAIS

Embora estejamos em subemprego e desemprego epidêmicos crescentes, sem cura disponível em curto e médio prazo, a longevidade incomoda aos políticos e empresários, que discriminam candidatos a partir dos 40 anos de idade. Assim, com a economia em frangalhos, as contas públicas abertas por corrupção e desvios não fechados, os concursos minguam, os cargos são preenchidos por indicados, nomeados, apadrinhados e seus kits, os serviços públicos vivem caos fenomênico e favoritismo indigesto. Mas a cobrança por mais produtividade e multitarefas é cega e crescente em todas as idades, e o idoso é excluído como casta de párias, que produz pouco, gasta muito e vive demais.

Conclui-se que a saúde é um objetivo não planejado, cultuado ou exercido, tratado ou respeitado. E a partir do idoso precoce, as oportunidades e possibilidades se estreitam feroz e cruelmente, por meio dos algozes multipartidários e multicoloridos, que alardeiam reformas da Previdência e Trabalhista escravizantes, mas nenhum guardanapo desfraldado pelo Plano Nacional de Saúde e de Educação Profissional a partir do 1º grau para todos, saneamento para todos, transporte multimodal para todos, habitação segura em todo o país para todos, segurança para todos e cadeia vitalícia ou expulsão do país para todos os envolvidos em corrupção, desvios, triplex, guardanapos, sítios, malas, caixas, pacotes, envelopes e acertos mais dessa natureza, sem o que sobrariam recursos para monitorar a fronteira quanto a armas, drogas e contrabando, eliminar o analfabetismo, proporcionar assistência médica conforme a constituição, mobilidade ampla imprescindível ao progresso, término das obras inacabadas, prioridade para o essencial e restrição a maravilhas narcisísticas, como a construção de Brasília e a mudança da capital, Copa, Olimpíadas, festivais, museus, aquários, circos, pracinhas, gramados, estátuas e irresponsabilidades afins. Ainda, que cada idade produziria e viveria compativelmente com a sua energia, limitações de respeito, o que os narcisos de hoje só proporcionam a si mesmos no Sírio Libanês e nas mordomias de palácios, porões e apartamentos funcionais, aposentadoria precoce e benesses sem fim autoatribuídas.

REFORMA BUMBUM

A imprensa escrita, falada e televisada pisa e repisa diuturnamente a necessidade dos senhores feudais em impor a maldita reforma da Previdência. Assim, os autênticos doutores bumbum desejam que os idosos, quer estejam subempregados, desempregados ou abandonados ao Deus dará, adiem sua aposentadoria para coincidir com o ponto de eutanásia programada sutilmente desde a construção de Brasília e a mudança da capital.

Conclui-se que a casta de marajás que habita os palácios, porões e apartamentos funcionais do Olimpo Planaltino querem porque querem, em sociedade com corruptos, desviantes, narcotraficantes, contrabandistas, nomeados, indicados e apadrinhados, regular o país e submeter o povo ao chicote do saneamento, analfabetismo, moradia de rua, transporte pneu, insegurança, violência e saúde por loteria, direcionando-nos a uma extinção seletiva ímpar, silenciosa, cruel e cínica, a que estamos submetidos desde a década de 60.

UM TRILHÃO

O JB de hoje noticia que brasileiros têm depositado no exterior a soma de um trilhão, que se estivesse por aqui, fora da caixinha dos cangaceiros de dinheiro público, daria para fechar as contas do governo várias vezes e ainda sobraria para a Márcia marcar cirurgia para todos os fiéis e infiéis do país. Assim, a corrupção, desvios, propinas e sonegação continuam com marajás, indicados, nomeados, apadrinhados e seus kits, ganhando muito, trabalhando pouco e usufruindo muito em benesses e aposentadoria antecipada aos oito anos de mandato.

Conclui-se que a reforma da Previdência vai adicionar dólares e euros no exterior aos da CBF, dos guardanapos e de inúmeros outros sanguessugas de recursos públicos e que, exceto pela Corte de Nova York, com tolerância zero, aqui, a indulgência do princípio de "acordado pelo legislado" para aqueles das malas, caixas, pacotes, envelopes e esconderijos tipo casa da mamãe e assemelhados, infere-se que, para nós, párias, só resta jogar pedra na Geni e cantar o "Pedro Pedreiro", pois os seguidores de Lúcifer já acenderam velas para todos nós, no corredor da eutanásia.

CRISE 2019

Trocou-se o adjetivo mentira por *fake*, mas os autores e farsas são os mesmos, quer municipais, estaduais ou federais. Assim, no Estado temos os mesmos que o desestabilizaram por dolo, inércia, ausência ou maravilha, e agora fazem discursos pisando em ovos para que o mau cheiro não espante a freguesia.

Conclui-se que a crise de hoje nasceu com a construção de Brasília e a mudança da capital, onde os marajás ficam blindados em palácios, porões e apartamentos funcionais, num Olimpo Planaltino no qual desfrutam despudoradamente de luxo, benesses e aposentadoria precoce, juntamente com nomeados, indicados e apadrinhados em vez de concursados, doutores em saúde, minas e energia e aviação civil, administrando em braile para nossa desgraça em habitação, transporte unimodal, analfabetismo, fronteiras porosas, alergia à educação profissional, insegurança, violência, saneamento, obras inacabadas, subemprego, desemprego e assistência médica por loteria, enquanto os mesmos de ontem, hoje e sempre se cuidam na ala VIP do Sírio Libanês ou Albert Einstein, para crises de umbigo ou espelho.

E, agora, novamente, depois de vassouras, caçadores de marajás, escritores de Constituição e outros milongueiros mais, temos que engolir cangaceiros desequilibrados, vegetarianas, economistas ricos e alguns apagados mais, acenando a maldita obra-prima de Lúcifer, apresentada como "reforma da Previdência" que, em vez de panaceia placebo, irá desgraçar os párias e prover muito mais dinheiro para ser corrompido e desviado por inocentes do pau oco em Olimpíadas, Copa, triplex, lanchas, helicópteros, aviões, guardanapos, sítios, malas, caixas, pacotes e envelopes de dinheiro vivo malocados na casa da mamãe ou atenuados no exterior, na faixa de um trilhão, conforme o JB, como fazem outros de mesmo DNA ao longo do planeta, em autêntica eutanásia mal travestida em fechamento de contas, que, na realidade, é dos milhões de caixões dos desafortunados esperando, como o "Pedro Pedreiro", pela saúde nas ruas, nos corredores, nas filas, pelo trem, pela sorte e pela morte, como diz o francês do Rive Gauche.

CANDIDATOS A GOVERNADOR

Nessa eleição, o Rio de Janeiro tem, literalmente, os mesmos candidatos que já fizeram péssimo papel de simples representantes. Além de horríveis artistas, nada atuaram em benefício do cidadão carioca e fluminense; apenas passearam em helicópteros e participaram de jantares de guardanapos ou similares. Comecemos pela urbanização, que continua adensada, com verticalização e favelização; em transporte público unimodal, calcado em ônibus com chassis de caminhão, quente, barulhento, desconfortável e dupla função de motorista suicida. Assim, o bonde de Sta. Tereza, os planos inclinados, o metrô restrito, o trem medieval e a ausência de barcas na baía e oceano fazem do transporte e trânsito uma batalha diária, desgastante e cara.

Conclui-se que os candidatos de agora farão o mesmo, travestido de diferente, maravilhoso e espetaculoso, com engenhão, teatro na barra, ruas esburacadas, derrubada da perimetral, museus, aquários, pracinhas, estátuas, gramados e festivais; sem esgoto, habitação e segurança, mas com violência, narcotráfico, milícia, falta de saúde nas ruas, corredores, filas carimbadas, médicos, infraestrutura, insumos e atendimento 24 horas. Poderíamos não votar em nenhum deles e adotar a postura "Pedra na Geni", pois aqui têm telhado e vidraça, ao contrário dos palácios e porões de Brasília.

PILOTOS E COPILOTOS

Não se sabe bem como e por que as aeronaves de menor porte, porém com mesma sofisticação do trem de pouso retrátil, navegação e comunicação, não contam com a obrigatoriedade ou a presença voluntária de copilotos ávidos em aumentar seu número de horas de voo e poderem ser promovidos de manicacas a comandantes.

Em condições de visibilidade zero, anormais ou emergências, em nossos aeroportos de baixa infraestrutura, a presença de mais um piloto permitiria dividir as tarefas que deixaram de ser normais e/ou automáticas e passaram a serem críticas, tal como Parati e Santos, com um par de olhos para dentro e outro para fora, e, agora, em Marte, onde uma aeronave Beechcraft King Air, certamente dotada com sistema alternativo de extensão do trem de pouso, daria mais confiança em seu travamento na posição estendido, quando um único piloto talvez não tenha condição ou tranquilidade para efetuá-lo devido à falta de um auxiliar, ansioso por estar a bordo e receber como estagiário feliz da vida.

Conclui-se que, nesse caso, a economia é *fake* e trágica, como mostra a realidade em muitos de nossos acidentes da aviação executiva e táxi-aéreo.

APRENDIZ LEGAL E ESTAGIÁRIO

Em que pese a campanha demagógica do tempo integral no ensino de primeiro e segundo grau, temos em contrapartida um imenso número de menores fora da escola, seja porque os atuais prédios, equipamentos e professores não são suficientes para dobrar o turno ou porque muitos alunos precisam trabalhar para seu sustento. Assim, a miopia técnica e eleitoreira suplanta a razão e a realidade. Conclui-se que o programa de Aprendiz Legal para menores e estagiários do Ensino Técnico e Superior é fundamental, já que não basta a gratuidade nas Escolas e Universidades publicas, pois uma porção significativa não tem como pagar transporte, alimentação e sustento básico.

O ROMBO DA IMPREVIDÊNCIA

Somos resultado da colonização diversificada de todos os pontos do planeta e da influência negativa dos vizinhos vazios de conteúdo e objetivo. Assim, oscilamos entre o progresso e o retrocesso até os dias de hoje. Conclui-se que o rombo em todos os órgãos de nossa existência deve-se à imprevidência de tudo a partir da construção de Brasília e mudança da capital, quando foram raspados os cofres das caixas de previdência que atuavam positivamente em habitação, assistência médica e aposentadoria, obtendo em troca um sistema de corrupção e favoritismo que vigora até hoje no abandono da fronteira, no analfabetismo, na saúde, saneamento, segurança, violência, instabilidade, gastos injustificáveis nos projetos narcísicos em detrimento do essencial necessário, de tal sorte que os recursos escondidos na casa da mamãe, na lavagem de dinheiro, cofrinhos no exterior, são motivos bastantes e exclusivos de crises, rombos e carências que matam silenciosamente milhões à mingua de tudo, para privilegiar vampiros de sangue, petróleo, triplex, sítios, bebês de Rosemary, jantares de guardanapos, jet skis, barcos, carros, mansões, marqueteiros e doleiros que pagam o pato pelos pecados de seus patrões santos de pau oco.

DISCRIMINAÇÃO E ABANDONO

As quatro operações matemáticas nos ensinaram que somando e multiplicando podemos obter mais e melhores resultados. Assim, na saúde, desde a infeliz construção de Brasília e mudança da capital, fazemos justamente o contrário com os recursos da assistência médica, diminuindo e dividindo-os de forma a quase anulá-los. Conclui-se que não precisamos de mais analfabetos nem pós-doutores, mas de administradores inteligentes, competentes e racionais, pois o SUS pode, em mutirão, somar os recursos hoje existentes e multiplicar o número de atendimentos no sistema, com qualidade e respeito aos cidadãos, já que unidades municipais, estaduais, federais, beneficentes, particulares e planos de saúde dispõem de pessoal, espaço, equipamento, insumos, que, unidos eficazmente, fariam a diferença para a universalização e a atenção humanitária que carecemos por amor à vida e alívio da dor.

DIPLOMACIA, ECONOMIA E EMPREGO

Por falar em educação, nossas notas e comportamento nessas três disciplinas foram sempre sofríveis, uma vez que queríamos agradar e desagradar a vários incoerentemente. Assim, perdemos mercado para nossos produtos por inabilidade diplomática, má gestão da economia, alto custo em taxas e mão de obra. Conclui-se que é chegada a hora de nos desgrudarmos de cucarachos bolivarianos, sanguessugas niilistas, e nos lançarmos ao mercado de todos os continentes, uma vez que precisamos de recursos para cuidar da fronteira, do transporte e das áreas abandonadas que podem aliviar a excessiva densidade das megalópoles.

REFINARIA DE ALUMÍNIO

As dezenas de ministérios, departamentos, agências e assemelhados não são capazes de analisar e acompanhar a instalação e o funcionamento das indústrias de exploração de minério do país. Assim, a Hydro está no limiar de uma catástrofe ambiental e agora faz pirraça ameaçando encerrar suas atividades e desempregar milhares de funcionários. Assim, os investidores aprenderam que as espertezas e a corrupção sempre funcionam para que aqui se faça o que não é permitido em suas matrizes. Conclui-se que a estatização é a desgraça de tudo, e a privatização é tudo em desgraça, já que não se pode deixar de explorar o que a natureza nos proporcionou e muito menos vandalizar o ambiente nessa proposta, pois o marasmo de Brasília, a secura e o narcisismo catarático fazem com que sempre estejamos *borderline* em empreendimentos de grande importância para o país.

ILHA GRANDE

Ninguém mais segura a favelização e a bandidagem no país, daí que a paradisíaca Ilha Grande está sendo vandalizada pela inexpressão do município e estado onde se localiza. Assim, estamos piores do que o Equador, que mantém a Ilha de Galápagos como um santuário, que de outra forma sucumbiria, como estamos fazendo com a nossa beleza turística. Conclui-se que o continente em Angra dos Reis já está contaminado por osmose das facções do Rio e de São Paulo que ali veem um território propício para curral eleitoral e área para drogas, armas, contrabando e ilícitos de toda sorte, em que o abandono da fronteira seca e molhada transformou o pais, já que os governadores depois de Lacerda fizeram daqui um terreiro de carnaval, futebol, festivais, copa, olimpíada, guardanapos, corrupção, poluição, transporte unimodal caótico, insegurança, violência, arrastão, tiroteios, museus, aquários, botequins de porto, jardins, estátuas, assistência médica desumana e outras desgraças mais.

BAGAGEM AÉREA

Os fabricantes, empresas aéreas e agências reguladoras estão em regime frenético para mudar tudo negativamente aos usuários. Assim, de assentos sem espaço lateral e para os pés, refeição paga, horários não muito pontuais e outros truques mais fazem das viagens aéreas um prazer pelo avesso. Conclui-se que o combustível é utilizado desde Santos Dumont e o preço do petróleo nunca deixou de variar a partir do primeiro jorro de óleo no planeta, dai que aumentar o preço do quilograma das malas prometendo diminuir o valor da passagem é mais uma mentira, que vem junto da retirada do copiloto nos cargueiros e dos dois pilotos num futuro próximo, tudo por culpa de preço do querosene que o Palocci ainda não teve tempo de denunciar porque o preço da cachaça se manteve estável nesses primeiros anos do século XXI.

SUS ÚNICO

Com trinta anos de existência, o SUS ainda carece de ser verdadeiramente único, englobando todos os recursos existentes no país, numa filosofia de atendimento mais eficaz que apresente opções aos diferentes quadros em unidades específicas, como posto de saúde, UPA, policlínica e hospital. Assim, teríamos mais rendimento quantitativo e qualitativo. Conclui-se que distribuir verbas de saúde para mais de 500 municípios que não sabem nem administrar a merenda escolar, e à maioria de estados falidos que evaporam recursos com jantares de guardanapos e corrupção sem fim, definitivamente sabota a unicidade do sistema que poderia padronizar-se no mutirão do que hoje existe em unidades municipais, estaduais, federais, particulares, beneficentes e planos de saúde, com valores razoáveis, fiscalização inteligente e sem atrasos nos pagamentos, com o que o princípio de vasos comunicantes renderia ao máximo em pessoal, equipamento, espaço, insumos, e manutenção geral, desde que politiqueiros não inventem novos nomes para enaltecer seus feitos que não saíram do papel, estão inacabados, ou só existiram pouco depois de divulgados em inauguração festiva e demagogicamente fake.

BOM, O MAU E O FEIO

Tal qual a música de mesmo titulo, todos os candidatos tem essas características, além de variáveis em mentiras, promessas, ilusões e fantasias. Assim, essa eleição é um marco a partir da década de 60 quando se iniciou o desfile de perdulários entre a construção de Brasília e a desconstrução da Petrobras. Conclui-se que no amanhã nada será como antes, quer fundem a republiqueta cucaracho-tupiniquim da América Latina com Lula e Zé ou se desliguem dos bolivarianos e nos tornem um país de verdade, livre de drogas, armas, contrabando, corrupção, desvios, copas, olimpíadas e jantares de guardanapos regados a carnaval e futebol que hipnotizam e escravizam o povo cansado de sofrer em mãos demagógicas e populistas.

PREVIDÊNCIA

A reforma que jornalistas e políticos querem a qualquer custo e preço, tira da cartola a idade e o tempo mínimo de serviço. Assim, homens e mulheres devem ter o mesmo piso de 60 anos e 30 anos de trabalho, já que não existe garantia de trabalho e emprego num pais com quinze milhões de desempregados e outro tanto de subempregados, desalentados, indicados, nomeados, apadrinhados e terceirizados. Conclui-se que nessa instabilidade não há como garantir o tempo necessário ao se atingir 60 anos, pois é impossível contribuir quando não se tem renda, enquanto marajás do judiciário e legislativo tem garantia de provento integral com benesses após oito anos de mandato, e ex-presidentes da república continuam com vantagens integrais após quatro anos de serviço temporário.

MEIAS CIDADES

Nossas aglomerações de pessoas são todas construídas pela metade, inclusive Brasília, que custou o preço de gastar 50 anos em 5. Assim, amontoados de pessoas unidas por votação tendenciosa em municípios, convivem cambaleando com estados falidos e sucateados. Conclui-se que somos citadinos meio alfabetizados, meio seguros, meio violentados, meio assistidos, meio transportados por sistema unimodal, meio educados por intelectuais deslumbrados do Olimpo sonhador, meio providos de esgoto e água tratada, meio favelizados, surpreendidos por meios assaltos, meias balas perdidas, meios arrastões, crimes meio violentos, presídios meio revoltados, plenos de futilidades erigidas por meios prefeitos e meios governadores, imersos em inutilidades e carentes de essencialidade, que as meias promessas e meias mentiras se travestem de esperança logo desfeita após a posse.

MENTIRA CARIOCA

A dupla de candidatos a governador e senador no Rio de Janeiro reconciliou-se após estarem de mal por algum tempo, não se sabe muito bem por que. Assim, dois adeptos da futilidade e fantasia, usaram o dinheiro público imprescindível à saúde e ao transporte publico para construir mais um estádio de futebol (o Maracanã não basta) e um teatro na Barra da Tijuca (não faltam teatros), além de museus, aquários, pracinhas, estátuas, botequins no cais do porto, festivais, copa, olimpíada, BRT da década de 70 e outras inutilidades mais. Conclui-se que formam um bom dueto de promessas vazias, pois a saúde e o transporte unimodal de hoje são consequência da farra de ontem, além de promessas ocas na segurança que nada fizeram e agora, como sempre, dependem de filtragem na fronteira seca e molhada por onde se infiltram armas, drogas e contrabando, talvez imaginando novo uniforme para a polícia, nova pintura para seus carros, com sirene em musica popular.

PREVIDÊNCIA E SALÁRIOS

Os artigos não assinados sob o título "Nossa Opinião" são de uma mediocridade que justifica a fuga de responsabilidade, já que a aposentadoria é uma garantia de o idoso ser utilizado até a morte prematura, e o salário do funcionário publico concursado ser uma instituição de governo desde longa data. Assim, penas ridículas miram no que mal veem e acertam no que não enxergam. Conclui-se que a corrupção, os desvios, as propinas e a bandidagem consomem o que as reformas e o rebaixamento dos salários públicos jamais poderão compensar, de sorte que, a começar pelos proventos e vantagens dos ex-presidentes da república, pela falta de isonomia salarial dos três poderes, indicados, nomeados, apadrinhados, desalentados e terceirizados, festas de Babete, bailes da Ilha Fiscal, jantares de guardanapos, negociatas com próteses, medicamentos e insumos, entre crimes mis desprezados pelos gurus da desgraça que aprovam esse caos desde a construção de Brasília e mudança da capital, gastança de 50 anos em 5 e poupança de dinheiro vivo na casa da mamãe e dinda por todo o país.

FARMÁCIAS E UPAS

Na medida em que a assistência médica está num caos jamais visto ou imaginado, seria interessante considerar o escalonamento dos quadros a serem encaminhados a hospitais, clínicas e UPAs. Assim, pequenos procedimentos poderiam ser efetuados por farmacêuticos em farmácias e drogarias, desde que em ambiente apropriado, pois dessa forma se evitaria o aumento de filas nas UPAs. Conclui-se que só o mutirão de recursos municipais, estaduais, federais, beneficentes, particulares e planos de saúde pode diminuir a crise, pelo princípio de vasos comunicantes, para ser equacionado e resolvido em grande parte, pois para tanto o governo que vai e o que vem tem o mesmo DNA da máquina brasiliense que a mais de 50 anos sabota o povo em tudo o que pode e não deve.

CARREIRAS DO EXECUTIVO

Os economistas e politiqueiros de plantão esquecem que o governo é composto de três poderes e que assim de nada adianta espremer os funcionários do executivo e deixar livres, leves e soltos os seus colegas ricos e privilegiados do legislativo e judiciário. Assim, olimpos municipais, estaduais e federais abrigam abonados de todas as castas superiores com mimos a partir de ex-presidentes da república, que na realidade são contratados temporários. Conclui-se que o Olimpo Planaltino quer se isolar em privilégios de realeza e condenar todos os demais a ficar na condição insegura de indicados, nomeados, apadrinhados e terceirizados abandonados na insegurança e na doença, à mercê das sobras de orçamento em função das festas de Babete, jantares de guardanapos, porquinhos na cristaleira da mamãe, corrupção, propina, desvios, tudo no alto propósito de carinhos para alguns e eutanásia disfarçada para todos os outros babando comida, teto e um pouco de respeito.

CLT, INFORMÁTICA E TERCEIRIZAÇÃO

A Reforma Trabalhista feita às pressas, na penumbra da madrugada, em palácios, porões, mansões do lago e apartamentos funcionais, focou em destruir a CLT num único golpe, em vez de amenizá-la paulatinamente em etapas até sua substituição por um sistemas mais atualizado e nem por isso menos humano. Assim, a demagogia fascisto-socialoide acrescentou penduricalhos sem fim em cada período eleitoreiro até chegarmos a esse texto irrealizável socioeconomicamente. Conclui-se que a mentira impera na imprensa e no discurso dos candidatos, já que ninguém quer um salário um pouco melhor com garantia de desemprego que a informalidade e a terceirização promovem em letras garrafais na imagem de Pinóquio e voz dos personagens da Disney, uma vez que a segurança faz parte de uma das necessidades básicas do ser humano, a criação de empregos é uma falácia em nossa atual economia e a violência sem saúde é o único quadro certo de nossos dias, onde políticos se escondem dentro de blindados e se tratam na excelência do Sírio-libanês para qualquer dodói de farmácia.

PREVIDÊNCIA E ELEIÇÕES

Numa característica cara-de-pau, o atual em passeio de gala a Nova York reafirmou o propósito de apresentar a famigerada Reforma da Previdência após as eleições, pois dessa maneira os políticos não teriam receio de perder votos apoiando essa medida discriminatória que os exclui das restrições que recaem sobre o povo e protegem o judiciário, o legislativo e todos os marajás municipais, estaduais e federais. Assim, uma vez mais se manobra a mentira e a esperteza para enganar os eleitores obcecados por pinóquios profissionais, que a diversos pleitos só legislam em causa própria. Conclui-se que a roubalheira e a bandidagem serão legalizados pelas restrições à aposentadoria dos trabalhadores e a impunidade dos que nos assaltam desde a construção de Brasília e a mudança da capital, com bailes da Ilha Fiscal, jantares de guardanapo, dinheiro vivo em pisos e paredes falsos, propinas, desvios, superfaturamentos, petrolão, mensalão, pedaladas e crimes mil que nos ferem lenta e profundamente até a eutanásia sem disfarce pelos narcisos e megalomaníacos travestidos de mitos e adoradores de verdugos cucarachos, feios por fora e malditos por natureza.

COFRE SEM FUNDO

O estado e o município do Rio de Janeiro estão piores do que o país em termos econômico-financeiros, pois estão organizados a exemplo da Linha Maginot, que era frágil pelos lados e pelos fundos. Assim, restringimos austeramente os gastos necessários e liberamos geral os supérfluos e pecaminosos. Conclui-se que a par dos discursos dos atuais candidatos a governador e presidente, a etiologia da gastança de 50 anos em 5, as festas de Babete, os jantares de guardanapos, os brinquedos maravilha e os cofrinhos na casa da mamãe, explicam claramente esse impasse e imobilização por falta de fundos que foram desviados pelos santos do pau oco, defendidos por advogados multimilionários em suas chicanas sem fim, enquanto miseráveis ladrões de galinha e iogurte amargam a eutanásia nas masmorras medievais de nossas prisões.

SUBEMPREGADOS, DESALENTADOS E DESEMPREGADOS

    Os economistas contam em unidades o aumento de empregados em tendência quase imperceptível, enquanto os desempregados são avaliados em 12 milhões, os desalentados em 5 milhões e os subempregados não há como contar, de sorte que podemos considerar cerca de 30 milhões fora do mercado de trabalho. Assim, os mágicos da campanha eleitoral discorrem sobre fórmulas perfeitas para resolver essa equação com "n" variáveis. Conclui-se que economistas e candidatos são ilusionistas que não saem da lona desde a década de 60, quando se gastou 50 anos em 5 e se elaborou essa patuscada que se estende até hoje, sem levar em conta que a nossa economia está paralisada pela corrupção, má administração, ausência de planejamento e ignorância da realidade nacional em espaço e população.

ÁGUA, ESGOTO E SAÚDE

Com os recursos gastos na construção de Brasília, mudança da capital, petrolão, propinoduto, pedaladas, corrupção, obras inacabadas, palácios, porões, mansões no lago, apartamentos funcionais, marajás do judiciário e legislativo, dólar na cueca, festas de Babete, jantar de guardanapos, copas, olimpíadas e uma miríade de futilidades mais, poderíamos já ter água, esgoto e saúde de qualidade para todos os Brasileiros, do Oiapoque ao Chuí. Conclui-se que picaretas profissionais travestidos de cavaleiros da esperança através de demagogia populista deslavada, mentirosos e cínicos que nos afligem desde a constituição de 88, com donatários de Capitanias Hereditárias, cangaceiros, sociólogos, operários faz de conta e guerrilheiros de araque hipnotizando multidões no sentido de nos venezuelar e nos transformar em cucarachos bolivarianos, miseráveis na base e com jantar milionário na Turquia onde foram estender o pires para outros verdugos de todas as matizes igualmente sanguinários e eutanásicos.

MUSEU PODE ESPERAR

Os hospitais e postos de saúde no Rio de Janeiro estão em pior estado do que o museu incendiado, tanto quanto seus funcionários que lamentam a perda dos seus objetos de estudo e espaço de trabalho, enquanto os da saúde vivem num tormento do atraso de salários, falta de insumos e aparelhos, pessoal insuficiente, macas, péssimas condições de higiene e trabalho, e, acima de tudo, a frustração por não poder diminuir o sofrimento dos pacientes abandonados em fila na rua ou nos corredores congestionados. Assim, a cultura pode esperar a segurança e a saúde que estão na sala vermelha desde sempre. Conclui-se que os 100 milhões de reais previstos para a obra de reconstrução do Museu Nacional podem muito bem resolver a precariedade dos hospitais públicos dessa cidade relegada ao esquecimento desde a construção de Brasília, de sorte a respeitar e alentar todos os que aqui precisam de cuidados médicos e não tem perspectiva face à prioridade dada a outras questões insofismavelmente menos importantes.

VÔOS ENLATADOS

O glamour de voar e usufruir do serviço de bordo das empresas que se empenhavam em agradar os passageiros saiu de moda e agora os empresários oriundos de ônibus, caminhões e carruagens se esmeram em espremer os viajantes tal qual sardinhas em lata. Assim, impondo tudo pela internet e celular, o processo agora é impessoal e desrespeitoso, pois o embarque mais se assemelha a uma condução de gado através de porteiras. Conclui-se que algo tem que ser sacrificado para possibilitar bilhetes de baixo valor, seja na segurança das aeronaves, habilitação dos pilotos e mecânicos, mau estado das poltronas, comércio de alimentação e free shop a bordo, desrespeito a horários e outras espertezas que as empresas adotam enquanto as agências de regulação dizem amém.

EMERGÊNCIA NA SAÚDE

O Rio de Janeiro amarga a maior emergência médica de sua história face à indiferença de seu prefeito, governador e ministro da saúde, que, anestesiados pela política, ignoram o sofrimento do povo abandonado a sua própria sorte. Assim, nessa mistura de copa e olimpíada eleitoral, os candidatos requentados prometem agora o que não fizeram em seus mandatos anteriores, seja pessoalmente ou por seus fantoches manipulados a distância como os chefes de facções criminosas em presídios por todo o país. Conclui-se que a elite atendida no Sírio-libanês e inundada pelos privilégios do Olimpo Planaltino vive em outro plano astral onde o sofrimento alheio não tem importância, já que indicados, nomeados, apadrinhados e terceirizados estão muito bem obrigado por meio de O.S. que não funcionam, mas reinam em toda a saúde, doente e condenada à eutanásia fria e criminosa de corrupção, desvios, propinas, dinheiro vivo em pedaladas, propinoduto, lava-jato e solturas intempestivas de maníacos do poder e influência.

FHC

O ex-presidente está a merecer a mesma frase que o Rei Juan Carlos dirigiu ao ex-ditador Chávez em reunião da época. Assim, Sarney, Collor, Lula e Dilma devem se portar tão somente como ex, já que recebem proventos e benesses compatíveis a quem não está mais no poder. Conclui-se que personalidades narcisas e megalomaníacas tendem a se imaginar no foco eterno de holofotes já apagados, mesmo porque as situações adversas que enfrentamos são decorrências de atitudes por eles tomadas no capricho do poder temporal já encerrado, motivo pelo qual não é recomendada a repetição de figuras marcadas negativamente ou seus clones e kits já mofados e ultrapassados.

CEGUEIRA REFORMISTA

Jornalistas e políticos pisam e repisam na infeliz Reforma da Previdência, como se fosse a panaceia de todos os nossos males. Assim, de tão vazia e inócua que é, nem de longe arranha as nossas prioridades fundamentais de segurança e saúde. Conclui-se que esses fanáticos religiosos de teimosia niilista não conseguem ver o antes, o agora e o depois, e muito menos a diferença entre a causa e a consequência, pois o ovo da serpente de toda essa crise foi a construção de Brasília e a mudança da capital, gastando-se 50 anos em 5 e esvaziando as caixas de previdência que atuavam muito bem em moradias, assistência médico-social e aposentadoria, impondo um regime de castas a partir dos marajás municipais, estaduais e federais, privilégios ao judiciário e legislativo, indicados, nomeados, apadrinhados e desalentados, numa corrupção de propinas e guardanapos jamais vista ou imaginada, dinheiro vivo em bibelô de cristaleira, doações a companheiros cucarachos e africanos, demagogia eleitoreira e desastrada no sentido de sentar vitaliciamente no troninho e de lá não sair mesmo que seu reinado esteja cheirando tão mal, como hoje está nesse prende e solta doentio e inconsequente.

CARANAVAL 2019

O Prefeito e o governador do Rio de Janeiro já devem avisar aos carnavalescos que a farra de Momo deve ser paga pelo bolso dos pulantes ou patrocínio dos narcotraficantes, milicianos, bicheiros, corruptos e desviantes do dinheiro publico, uma vez que faltam médicos, insumos, aparelhos e leitos nos hospitais municipais, estaduais e federais na cidade. Assim, o governo proporciona tão somente a infraestrutura de segurança e mobilidade dos serviços essenciais de saúde e transporte. Conclui-se que precisamos mudar a cultura da festa grátis e anarquia bloqueando as ruas e propagando as desordens e agressões impunes desde sempre, pois o nível e espaço para comemorações deve ser delimitado e respeitado para a alegria de uns e respeito a todos.

FALÊNCIAS

As falências podem dividir sua etiologia entre a crise que nos assola desde a construção de Brasília com mudança da capital, e a má administração que campeia na maior parte das empresas atingidas. Assim, com a globalização, a automação e a informática, o planejamento contínuo é fundamental, pois tudo corre em velocidade imprevisível e surpresas sem fim. Conclui-se que a falência tem a vantagem da celeridade e uso breve de todos os recursos para pagamento dos credores, enquanto que a recuperação judicial pode ensejar o ressurgimento de uma nova empresa sobrevivente do desastre econômico-financeiro, mas também dá ensejo a manobras trabalhistas danosas aos funcionários, bem como de negociatas mágicas com o patrimônio que evapora ou se deixar arruinar, como no caso das empresas aéreas, que na realidade foram vítimas de eutanásia por ação governamental e política desde a gestão dele até a obnubilação dela.

ESTADOS E MUNICÍPIOS

O sudeste deve ao restante do país a patuscada da construção de Brasília e mudança da capital, quando a fronteira e a maior parte do país ficaram abandonadas à mercê dos discursos vazios de visionários megalomaníacos, narcisos, mentirosos, demagogos, corruptos e inconsequentes. Assim, protagonizou-se maior liberdade a estados e multiplicaram-se assimptoticamente municípios que não tinham renda nem para pagar proventos e privilégios de seus prefeitos, secretários e respectivos séquitos. Conclui-se que a corte em Brasília manipula os votos do congresso que dependem dos seus satélites em estados e municípios, num tráfico de influência e cumplicidade nunca imaginado na história humana, pois os efeitos colaterais desse quadro patológico respinga em saneamento, assistência médica, armas, drogas, contrabando, criminalidade, violência, insegurança, mobilidade unimodal, obras inacabadas, subemprego, desemprego, desalento, corrupção, desvios, propinas, guardanapos, joias, analfabetismo, favelização, adensamento populacional absurdo, educação profissional perdida, festivais, copas, olimpíadas, museus, botequins no cais do porto, aquários e futilidades sem fim que deixam o povo desassistido de tudo e na espera das promessas de Pinóquio e a fantasia de Disney para minorar as suas agruras e sofrimentos.

ESTAÇÃO DA LEOPOLDINA

Esse prédio abandonado, em decadência e desmoronando esconde os restos mortais do trem bala e da rede ferroviária federal, que, insepultos, assombram e ofendem a dignidade da nação. Assim, com dinheiro federal pendente em dívidas e solução fiscal, esses zumbis debocham da miséria que assola a maioria dos brasileiros. Conclui-se que os sucessores do Dr. Ulisses continuam assombrados por seus pecados e crimes financeiros que inviabilizam a recuperação do país pleno de obras inacabadas, transporte unimodal, esgoto a céu aberto, saúde doente, segurança insegura, fronteiras escancaradas, corrupção galopante, desvios em casa da mamãe e outras milongas mais castigando o povo ingênuo que aplaude corruptos sanguessugas como salvadores de condenados mortos-vivos na antessala do inferno de abandono, desemprego, sofrimento e desesperança.

MANTEIGA, MARGARINA E MAIONESE

Quando azedos, esses três ingredientes cheiram mal e são intragáveis, mas separadamente podemos utilizá-los para livrar corruptos e desviantes que se fazem acompanhados de chicaneiros multimilionários em busca de sucesso e fama. Assim, surfamos de nariz tapado e boca fechada no período da gastança de 50 anos em 5 que desgraçaram o país em megalomania e narcisismo até o de 2008 onde profetas da primavera rançosa arruinaram as contas do país e atrofiaram o pibinho, que até hoje sofre depressão. Conclui-se que cínicos, mentirosos e populistas azararam o passado, presente e futuro desse povo ingênuo e crédulo, desde estátuas de cera que sabotam clínicas e hospitais, a maníacos por dinheiro vivo e virtual em negociatas com dinheiro público que transcendem a corrupção africana de seus ditadores, e por aqui estão travestidos de democratas e progressistas, sugando vorazmente o sangue dos fracos e oprimidos, empurrando-os para a eutanásia coletiva e blindando os filhos de Lucífer para fazer tudo de novo, com horror e pragmatismo de Maquiavel sentado no colo de Pinóquio e Disney nessa Terra da Fantasia.

O SÍRIO E A PORTUGUESA

Uma vez inibido o Chávez, o aprendiz de Maduro e sua Medusa se preparam para sentar em seus troninhos e não mais sair, tal qual seus colegas bolivarianos malcheirosos. Assim, mimetizando povos miseráveis, impõem ditames falsamente progressistas do século passado, repudiados pela Rússia e China de hoje. Concluímos que a cegueira e fanatismo político nos impõem soluções retrógradas e suicidas econômica, social e biologicamente, dai que não podemos nos adensar como formigas e abelhas, absolutamente sem infraestrutura, sustentando uma elite podre desde a construção de Brasília e mudança da capital, num caos e decadência sem paralelo na história do planeta, para que o cinismo, mentira e demagogia dos nossos candidatos coloquem todos no mesmo saco de desesperança e indignação.

BIBELÔ DE PENTEADEIRA

Assim como os porquinhos que as crianças ganham para encher de moedas e só quebrar para ter o dinheiro de caprichos e guloseimas, os corruptos guardam nosso dinheiro ao vivo na casa de mamãe escondido em todos os cantos, desde a cristaleira até buracos no chão e na parede. Conclui-se que os desvios e propinas fazem parte da nossa desgraça desde a maldita construção de Brasília e a mudança da capital, onde foram gastos 50 anos em 5 e agora pegam fogo os museus, ao mesmo tempo que nosso prefeito não repassa verba federal para ABBR e outras instituições que estão a míngua em recursos e salários dos funcionários, sem que possamos ligar para a Márcia que fugiu e agora cuida de eleger o filho dele, colocar ponto de ônibus perto dos fiéis e marcar cirurgias para os obedientes, que irão de ônibus com ar condicionado, wifi e sem cobrador, entrando pela porta traseira para não passar pela catraca.

SÍRIO-LIBANÊS CARIOCA

Em São Paulo, inundado de recursos e infraestrutura, esse hospital é o preferido pelos Olimpos municipais, estaduais e federais. Assim, o Rio de Janeiro, abandonado desde a década de 60, amarga incêndio de museus e insegurança de hospitais, que só atendem por inércia e existência física predial. Conclui-se que o prefeito deve vir a público para explicar a verba não repassada à ABBR, a precariedade dos seus hospitais, assim como o governador e o ministro da saúde quanto a suas unidades de saúde aqui e em todo o país, mesmo que sendo do ramo bancário e tenham sido escolhidos para administrar a doença do povo.

PALAFITAS, FAVELAS E PRÉDIOS

Se o homem primitivo se abrigava em cavernas, hoje, por aqui, não temos cavernas suficientes, mas ainda padecemos em palafitas, favelas e prédios em precárias condições que assolam o país nos quatro pontos cardeais. Assim, com excesso de espaço e falta de competência, acumulamos populações em cidades adensadas sem infraestrutura adequada. Conclui-se que tanto o campo como a porção urbanizada sofrem do abandono a que foram relegados a partir da construção de Brasília e mudança da capital, onde foram gastos 50 anos em 5 para palácios, porões, mansões do lago, apartamentos funcionais, corrupção, desvios, propinas e dinheiro vivo em casa de mamãe, a par de laranjas em imóveis e contas voláteis no exterior, com o que jamais sobrarão recursos para dar teto a todos, mesmo com todas promessas e incentivos que ETs, barrigudos empapados, nariguphones, óculos de aro e cowboys atirem ao povo a cada quatro anos de currais eleitorais e negociatas de montão na surdina e penumbra do Olimpo Planaltino.

O PREFEITO MUDO

A saúde das pessoas está péssima no Rio de Janeiro, mas o prefeito e o ministro da saúde permanecem quietos em seus cantos, seja na Gávea ou em Brasília. Assim, 13 milhões de reais deixam de ser pagos a clínicas conveniadas, segundo primeira página do jornal de hoje. Conclui-se que vivemos uma era de indiferença à saúde e ao sofrimento dos que necessitam de assistência médica, já que recursos municipais, estaduais e federais não aparecem, a não ser no discurso de candidatos periódicos a cada quatro anos, simbolizados por Pinóquio e Lucífer abraçados e zombando do povo que vê seus impostos aumentar os proventos e vantagens dos que já ganham muito e desaparecer o salário dos subempregados, desempregados e desalentados, substituídos por nomeados, indicados, apadrinhados e terceirizados que a corrupção e a propina comemoram continuamente com guardanapos e dinheiro vivo em porquinhos na casa de mamãe ou da dinda, palácios, porões, mansões do lago e apartamentos funcionais, talvez intuindo que o dinheiro arrecadado no recente leilão de mansão, carros, lancha, jet ski e joias deva ser aplicado imediatamente nessa emergência de salvar vidas e interromper eutanásias.

E OS HOSPITAIS ?

Se os museus públicos são inseguros, imagine os hospitais e clínicas municipais, estaduais e federais, que não recebem atenção às instalações e conteúdo? Assim, depois de décadas esquecidos, o incêndio de um deles assusta os demais para que sejam fechados até que possam ficar em condições mínimas de funcionamento. Conclui-se que os hospitais são bombas-relógio que podem ceifar vidas, patrimônio e insumos, numa época de carência e caos por conta de incompetência, inconsequência, corrupção, desvios, desmandos e indiferença pela saúde de instituições, funcionários e pacientes que aguardam por promessas vazias de candidatos que se comprometem desde sempre para serem cumpridas só no dia de São Nunca.

CARNAVAL DE OUTUBRO

O candidato fantoche dupla face, cópia atualizada da "enta", foi finalmente ungido pelo papa do populismo tupiniquim-bolivariano, onde uma face é Andrade e a outra é Manuel. Assim, entra para a equipe de artistas que atuam na lona do circo que se repete a cada quatro anos disputando o poder dos recursos caóticos desse país continental. Conclui-se que a baixaria já começou nos debates, onde os mutantes desfilam suas poses, características e promessas, a partir das quais a economia vai se recuperar por encanto mágico, apesar da fronteira porosa, corrupção, desvios, olimpos federais, estaduais e municipais, saneamento, transporte unimodal, violência e insegurança, analfabetismo, subemprego, desemprego e desalento, propina, dinheiro vivo na mamãe, palácios, porões, mansões do lago e apartamentos funcionais, indicados, nomeados, apadrinhados e terceirizados, isonomia salarial dos três poderes, guardanapos, festivais, copas, olimpíadas, museus, arrastões, tiroteios, roubo de cargas, falência da assistência médica e outras desgraças mais que os sorridentes candidatos em selfie de intervalo garantem um cara lavada de museu, barriga e papada, nariz de xuxu, misto de ET com vegetal e atirador esfaqueado por louco contratado, não se sabe por quem, mas muito bem defendido por advogados quatro estrelas de mesmo nível dos que chicanam doleiros, marqueteiros, propinodutos, lava-jatos, pedaleiros e assemelhados, todos santos do pau oco que arruinaram a nação e o povo em agruras sem fim.

IMPREVIDÊNCIA

Esopo já nos deu a lição da fábula "A Cigarra e a Formiga", que ainda não conseguimos adotar em 518 anos de existência. Assim, nesse monumental caos fenomênico, corremos para todos os lados procurando solução para nossos pecados e castigos que não param de chegar. Conclui-se que a maldita Reforma da Previdência, elaborada por Lucífer e seus seguidores, não trará resultados imediatos, bem como é cruel e inócua a médio e longo prazo, pois nossos recursos se esvaem desde a infeliz construção de Brasília e mudança da capital, gastança de 50 anos em 5, mordomias do judiciário e legislativo, palácios, porões e apartamentos funcionais, indicados, nomeados, apadrinhados e terceirizados, desvios, corrupção e propinas, bancários no Ministério da Saúde, gatos no Ministério das Minas e Energia, armas, drogas e contrabando em profusão, mergulhados em molho azedo de mentiras em profusão dos candidatos de deputado estadual a presidente, com pose narcisa de Pinóquio infestado de cupins.

COR DOS ÔNIBUS

No Rio de Janeiro esses monstros apresentam o tom de burro quando foge, tanto na aparência triste como no desempenho pífio. Assim, a partir da carroceria de caminhão, altos, quentões, barulhentos, fumacentos, suicidas na dupla função do motorista-cobrador e catraca africana, esses bólidos infestam e atravancam o trânsito proporcionando um retrocesso numa cidade densamente povoada e sem traçado arquitetônico. Conclui-se que só nos falta o comando de libélula maravilha que fala depressa, nervosa e ansiosamente, fazendo tudo de qualquer maneira num atropelo de ideias estapafúrdias a gastar no supérfluo e desprezar o essencial, já que o transporte unimodal é ultrapassado em todo o planeta, resistindo tão somente em republiquetas e miseráveis como Índia, Bangladesh, África e América Latina, pois o metrô subterrâneo ou suspenso, trem e barcas são capazes de transportar multidões em menos tempo, mais segurança, conforto e custo infinitamente menor uma vez implementados, o que o lobby dos asnos puxando carroça e bonde do século passado ainda não conseguiram absorver para si e liberar o povo sofrido desse transtorno útil tão somente em pequenos percursos e locais onde o progresso não deve chegar para incomodar o turismo com os tiroteios, balas perdidas, fugas de presídio, arrastões, explosões, violência, insegurança, subemprego, desemprego, desalento, terceirização atabalhoada, desvios, corrupção, propinas, mansões na praia, guardanapos, festivais, helicópteros, joias, insegurança, saneamento fétido, lixões, assistência médica falida, educação perdida, indicados, nomeados, apadrinhados e terceirizados no leva e traz de dinheiro vivo em casa de mamãe.

MUNDO DA FANTASIA

Pelo visto, os candidatos a cargos no Rio de Janeiro continuam surfando na maionese maravilha, com projetos de turismo em meio a tiroteio, arrastão, violência e insegurança, a par de outros dizendo que as forças armadas e a polícia estarão a seu comando. Assim, de projeto fake a objetivos inexequíveis, corre solta a propaganda enganosa que nos levará a mais uma temporada no mundo de Disney, brincando com o povo que carece de saneamento, transporte multimodal, assistência médica sem filas nem abandono nos corredores, indicados, nomeados, apadrinhados e terceirizados, num circo de horror sem precedentes na historia do estado. Conclui-se que a farra dos guardanapos, joias, helicópteros, desvios, propinas e assemelhados correu paralelo à imaturidade e inconsequência das festas de Babete, copas, olimpíadas, festivais, derrubada da perimetral, museus, aquários, botequins no porto, pracinhas, estátuas e futilidades mis que os cariocas e fluminenses refugam em troca do essencial que é a segurança e a saúde.

VITÓRIA DO POVO

A ANS retrocedeu face à indignação generalizada da população de A a Z, que devido à morte lenta do SUS e da Previdência oficial, vê-se abandonada à própria sorte nas ruas, nos corredores, nas filas viciadas e no luto de entes queridos não atendidos. Assim, a indignação precisa igualmente inibir e engessar os lobbies que nos ameaçam a pretextos vis de contas abertas, déficit fiscal, depósitos de um trilhão no exterior, para o quê receitam cicuta aos pobres e champanhe borbulhante aos marajás, tratados como nobres no Sírio Libanês e com aposentadoria precoce com benesses aos oito anos de mandato.

Conclui-se que outros fantasmas precisam ser exorcizados e eliminados de nossa vida sofrida em função de indicados, nomeados, apadrinhados, corruptos, desviantes, narcotraficantes, doleiros, contrabandistas, especuladores, santos do pau oco de triplex e sítio, falsos doutores, malas, caixas, pacotes e envelopes na casa da mamãe, saneamento insano, habitação popular rachada e desmoronando, obras inacabadas, analfabetismo, universalização da educação profissional, transporte unimodal rodoviário, violência, insegurança, milícias e outras desgraças mais que a imprensa escrita, falada e televisionada omite, em benefício da Geni, que deve ser apedrejada, mesmo se travestida de "reforma da Previdência" e outras patuscadas da nobreza do Olimpo Planaltino, em processo da troca de pele e permanência do corpo interior não muito republicano.

MEIO MÉDICOS

Antigamente, chamados de charlatães, os meio médicos de hoje, chancelados pelo aluguel intempestivo de 10.000 meio médicos cubanos pela tia que saiu pela porta dos fundos, hoje atuam livres, leves e soltos em apartamentos da zona oeste, cabeleireiros e manicures de qualquer bairro ou favela, e clínicas fantasmas travestidas por todos os lados. Como à luz da lei não existe meio médico, meio dentista, meio psicólogo e meio enfermeiro, essas formações *fake* de meio curso superior presencial ou pelo correio proliferam face à precariedade de fiscalização da ANS, Anvisa, Ministério da Saúde e Conselhos Profissionais.

Conclui-se que não é liberando geral na competência e responsabilidade que resolveremos a desgraça da sabotagem ao SUS e Previdência oficial, capitaneada por lobbies privatizantes que querem assumir o direito de vida e morte de um povo mal governado desde a construção de Brasília e a mudança da capital, quer por mal eleitos e seus kits, indicados, nomeados e apadrinhados, municipais, estaduais e federais.

NARCOTRAFICANTES, MILÍCIAS E CORRUPTOS

As entrevistas de jornalistas da Globo com os candidatos à presidência da República deveriam ser complementadas com a presença também dos líderes do narcotráfico, da milícia e dos corruptos, pois poderiam igualmente expor seus planos para o próximo período governamental, em que eles terão enorme influência no que ocorre no país, tal qual testemunhamos desde a construção de Brasília e a mudança da capital. Assim, teremos um quadro real do embate entre a sociedade e os que nos oprimem legal e ilegalmente, mesmo que algumas perguntas tenham sido deselegantes e impertinentes, por parte do Valdo Cruz, e classudas e inteligentes, por parte do Fernando Gabeira, na noite de ontem, com o Álvaro Dias se defendendo das estocadas de todos e todas.

Conclui-se que os jornalistas, em sua maioria, perguntaram muito mal, e vários ao mesmo tempo, objetivando tão somente confundir e atrapalhar a resposta do entrevistado. Com isso se pode prever um possível surto daquele que se autodenomina cangaceiro do século XXI, possivelmente colega do vassoureiro das brigas de galo.

COMPETIVIDADE, PRODUTIVIDADE E CUSTO BRASIL

O lero-lero de acadêmicos, economistas, filósofos, administradores, jornalistas, políticos e diplomatas tenta explicar o nosso atraso neste planeta globalizado e nas mazelas do patropi. Assim, comecemos pela etiologia de nossa letargia e miopia ao não assumir integralmente os 8.500.000 km² – como fizeram os norte-americanos na marcha para o oeste –, permanência até hoje das capitanias hereditárias e coronéis de latifúndio, fronteiras porosas a armas, drogas e contrabando, abandono de pessoas e áreas no oeste, norte e nordeste, transporte unimodal rodoviário, saneamento insano, assistência médica por sorteio, habitação deficiente, analfabetismo, discriminação do ensino profissional em relação ao acadêmico, fome, desorganização carcerária, prisão por pequenos delitos e indulgência a notáveis criminosos de colarinho, informais e sangue, excesso de municípios com seus vícios, nomeados, indicados e apadrinhados, entre muitos outros fatores mais.

Conclui-se que sem limpar as mãos e os pés dos que nos manipulam de todas as formas, seja nos impostos, na saúde, nos currais eleitorais, na violência e na insegurança, ficaremos sempre no pibinho, na mentirosa "reforma da Previdência", nas contas abertas, subemprego, desemprego, malas, caixas, pacotes e envelopes de santos do pau oco, que sonham com triplex e sítio de propina, mas que merecem tão somente uma casinha de sapê, já que ninguém sabe, viu ou conhece quem tem um trilhão no exterior.

TERCEIRIZAÇÃO, SUS E PREVIDÊNCIA

Entre pedaladas e trapalhadas, os comerciantes da saúde e aposentadoria fazem suas jogadas no tabuleiro de milhões, bilhões e até um trilhão em depósitos no exterior e nos porões de palácios, casa da mamãe e outras milongas mais das pedras mais protegidas pelos espíritos malignos do Olimpo Planaltino, sempre à revelia da Constituição e do Código Penal. Assim, desde a construção de Brasília e a mudança da capital que se adotou o pecado de disseminar indiscriminadamente indicados, nomeados e apadrinhados em cargos públicos ao invés de concursados, levando a corrupção e incompetência a grassarem e devorarem vorazmente a assistência médica e a Previdência Social.

Conclui-se que a terceirização é uma praga que corrói o corpo e a alma da nação, desgraçando o cidadão comum e inflando a casta dos privilegiados de malas, caixas, pacotes, envelopes, propinas, sítios, triplex e outros truques mais sofisticados do que a Caixa de Pandora, que a oficialidade e o lobby saúde/Previdência fecham a sete chaves e pretendem manter a seu bel prazer, na estratégia do ioiô, indo e vindo em estocadas até destruir o "Pedro Pedreiro" de cada um de nós, que, por nossa vez, ficamos esperando governantes e administradores mais dignos, que não nos comercializem a base de vantagens, pois não se pode comprar assistência médica nem proteção à velhice em bancas de camelô como se fossem álbuns de figurinhas adquiridas uma a uma, franquia, participação, mensalidade, reajustes absurdos, sob a capa de contas abertas e pibinhos, tal qual o corpo que se esvai no chão sem cirurgia nem band-aid.

MÊS DAS BRUXAS

Tradicionalmente, ao se aproximar o mês de agosto, aumenta-se a frequência de incidentes e acidentes aeronáuticos, quer no país quer no exterior. Assim, tem prevalecido na aviação executiva e comercial a ocorrência de acidentes eventualmente causados por deficiência de infraestrutura, baixa visibilidade, falha do equipamento e mesmo a tripulação com um único piloto.

Conclui-se que a par da fatalidade, o treinamento periódico completo e a presença de mais um piloto permite melhor desempenho nos procedimentos anormais e de emergência que, de outra forma, aumentam a probabilidade de queda antes do pouso ou mesmo de não serem exploradas todas as possibilidades, como no caso de dúvida quanto ao travamento estendido do trem de pouso.

CAMELÔS, AUTÔNOMOS E MENDIGOS

A corrupção e os desvios oficiosos levaram os ainda vivos de todo o país a fazer qualquer coisa para sobreviver antes de se bandear para o crime ou se entregar à eutanásia, que não para de crescer em todas as suas facetas. Subempregados, desempregados e desiludidos compõem as filas intermináveis por qualquer tipo de emprego, seja formal ou não, já que o pibinho encruado e a maldita reforma da Previdência vão acabar com o trabalhador, como se conhece na vigência da CLT e na Constituição antes de 88.

Conclui-se que cada vez menos serve estudar, pois não se tem concurso publico nem oportunidades privadas, já que as vagas são ocupadas por indicados, nomeados e apadrinhados, sempre por gosto dos boys de malas, caixas, pacotes e envelopes de dinheiro vivo. Enquanto isso, a parte desfavorecida do povo está socializando a miséria em saneamento, assistência médica, transporte em pneu, insegurança e violência, patrocinados pelos marajás municipais, estaduais e federais, agora verbalizados por mentiras dos candidatos abonados, que prometem mundos e fundos aos seus dependentes de currais eleitorais, com agrados *fake* em troca de votos verdadeiros.

DIAGNÓSTICO FALSO

A anarquia e o caos na moradia e no mercado imobiliário não decorrem só de preço elevado artificialmente do imóvel e crédito inexistente ou abusivo, mas, sim, da falência pessoal e familiar geradas pelo subemprego, desemprego, adensamento populacional excessivo, violência, criminalidade e insegurança em todos os sentidos. Não há bairro que escape nem medidas de segurança que funcionem, pois a razão é a corrupção, desvios e a porosidade da fronteira, que alimenta o narcotráfico, a bandidagem e a mercantilização do contrabando e cargas roubadas.

Conclui-se que a normalidade habitacional só será estabelecida quando assumirmos os 8.500.000 km² abandonados seletivamente no oeste, norte e nordeste, interligarmos inteligente e eficazmente todos os pontos do país por meio dos modais, trilho, água e ar, já que hoje prevalece esmagadoramente o famigerado pneu. De outra forma, o sensacionalismo e a espetacularidade de medidas ocas nada alteraram de concreto, a não ser na especulação imobiliária de áreas entre favelas e território disputado entre traficantes e milicianos, fuga de presídios, assalto a bancos, lojas, depósitos, residências e pessoas, além do terrorismo metropolitano. As falsas esmolas eleitoreiras temporais em nada aliviam o sofrimento e o abandono do povo, que espera redentores fantasiados de bons moços e moças, cheios de promessas pinoquianas, bufões, megalomania e narcisismo doentio, carentes de solução para a comida, teto, saúde e trabalho, e que quando eleitos, nomeados e apadrinhados devoram despudoradamente.

TROPEÇOS CIRÍLICOS

A entrevista de candidato à presidência da República não seguiu a trajetória da tentativa de massacre aos seus adversários Álvaro Dias e Marina Silva, mas não o impediu de alguns vacilos. Entre vários "vou fazer", "vou acabar" e "vou mudar", deixou de mencionar a fragilidade das fronteiras a armas, drogas e contrabando, ao analfabetismo, transporte unimodal rodoviário, com indicados, nomeados e apadrinhados em detrimento dos concursados, a sabotagem ao SUS e à Previdência oficial, e a ignorância ao acordo Boeing/Embraer que, na realidade, veio para impedir o desaparecimento dela, face à fusão da Airbus com a Bombardier.

Conclui-se que esteve excessivamente comedido em relação ao seu perfil altamente espontâneo e que ainda defendeu a maldição da construção de Brasília e da mudança de capital, assim como a autonomia do número astronomicamente excessivo de municípios. E os estados, incompetentes na saúde e em tudo mais, porém ávidos no sumiço e na má aplicação de verbas, de mesma maneira olímpica planaltina de malas, caixas, pacotes e envelopes de dinheiro vivo, juntamente com guardanapos, propinas, triplex, sítios e depósito de trilhão no exterior, que, segundo ele, seriam sanados se imitássemos a Alemanha, de Merkel e Putin, como paradigma germano/tupiniquim.

BRASIL CEARENSE

O Brasil não é o Ceará, embora tenha problemas comuns, bem como as soluções passadas de alguns itens nesses municípios e estado não se aplicam e não funcionam num país gigante, heterogêneo e caótico. Assim, oeste, norte e nordeste, abandonados aos atuais donatários de capitanias hereditárias e coronéis latifundiários, não estão totalmente infectados pelo terrorismo urbano do crime organizado dirigido por líderes presidiários e subalternos soltos por enquanto, já que não se pode transformar a nação em presídio enquanto a fronteira porosa abastece a criminalidade de tudo que os hospitais públicos não têm.

Conclui-se que nem o Ceará nem a Alemanha são receitas de bolo para a nossa anarquia capitaneada do Olimpo Planaltino, desde a famigerada construção de Brasília e a mudança da capital, tudo movido a pneu, já que trilho, água e ar foram execrados pelo acordo então firmado com a indústria de imitação automobilística, em cerimônia narcisa sem vassouras, marajás ou "companheiros", que hoje se dedicam ao despacho de malas, caixas, pacotes e envelopes, paralelamente a um trilhão "aplicado" no exterior por meio da profusão de nomeados, indicados e apadrinhados por todos os lados espacialmente.

A MOEDA MATEMÁTICA

Matematicamente, sem artifícios, ilusionismos estatísticos e evaporação da medalha prêmio a um vencedor em encontro no Rio de Janeiro, não poderia deixar de conter aquele ingrediente elaborado a partir da construção de Brasília e da mudança da capital, que lembra bem o desaparecimento da taça Jules Rimet. Assim, a escolha da sede para Copa e Olimpíadas também teve o toque de Midas da compra de votos, corrupção, desvios, guardanapos, Porto Maravilha, hospitais sucateados, violência e insegurança com que estamos temperando nossa presença neste planeta atual.

Conclui-se que refinarias enferrujadas, meio médicos cubanos, empréstimos bolivarianos e outras milongas mais fazem parte de nossa desesperança e ilusão perdida cantada pelo "Pedro Pereira", que é humilde, mas passa férias na Rive Gauche, do escargot e do champanhe brilhante.

LAMPIÕES TRANSNACIONAIS

Em âmbito nacional, os cangaceiros, bandoleiros e piratas do século passado se reproduziram endemicamente por todo o país, numa audácia nutrida pelos seios maternos da fronteira porosa, com leite importado enriquecido em armas, drogas e contrabando e adicionado com narcotraficantes, milicianos, corruptos, desviantes, doleiros, especuladores e agentes do mal de todas as espécies. Assim, nada mais se precisa para manter o país parado e decaindo em todos os fatores que elevam e dignificam uma nação perante as demais.

Conclui-se que a bandidagem está livre, leve e solta para arruinar o país e escravizar o povo em habitação, saneamento, transporte multimodal, assistência médica, subemprego, desemprego, violência, segurança, educação profissional, merenda escolar, pirataria generalizada e analfabetismo, por meio de seus protagonistas em festas de guardanapos, malas, caixas, pacotes e envelopes de dinheiro vivo em casa da mamãe, alçapões, buracos, cavernas e outros esconderijos mais, que inviabilizam a saúde, o progresso e a economia, que salvam vidas em oportunidades imprescindíveis à negação de eutanásia a que psicopatas insistem em impor pela destruição do SUS e Previdência oficial.

TRI-SAÚDE RJ

Município, estado e Federação estão de mãos dadas na derrocada da saúde e aparente eutanásia de cariocas e fluminenses a céu aberto. Nada mais é necessário para que o quadro de abandono dos cidadãos na rua, nos corredores, nas enfermarias e salas sucateadas, mofadas, infiltradas, sem médicos, equipamentos, insumos, remédios e alimentação, configure-se como algo inominável em termos de dignidade e respeito desumanos.

Conclui-se que, apunhalados pela saúde, segurança e violência, as vítimas do projeto Maravilha devem empenhar tudo de fútil e inútil que foi desperdiçado, desde guardanapos, helicópteros, Olimpíadas, Copa, mimos do porto e viagens, e convocar ex-governadores, ex-prefeitos e seus agregados para declarar publicamente seus bens no país e exterior, e num extremo ato de bravura, doarem o que hipoteticamente não lhes pertence. E ao Olimpo Planaltino caberia tomar alguma atitude imediata no sentido de interromper esse espetáculo dantesco, digno de Lúcifer, Pinóquio e seus seguidores, já que cessada a causa, cessa-se o efeito, tanto na medicina quanto na justiça divina.

REFORMAS S/A

    Os candidatos à presidência da República receitam um placebo inócuo para as mazelas do povo, a serem curadas por reformas que não se fizeram em 1500, 1822 e 1889, já que a razão de nossa crise é a construção de Brasília e a mudança da capital, pois a partir daí foram liberados todos os desmandos que nos afligem e condenam ao desânimo e abandono socioeconômico, esperando o pibinho crescer. Assim, a simples menção das reformas da Previdência, Trabalhista, Tributária, da Saúde, Educação e todas as outras, já ressoa como *fake News*, prevendo que tudo continua como dantes no quartel de Abrantes.

    Conclui-se que a filosofia medieval de gerenciamento, a fronteira porosa, o saneamento, transporte unimodal, educação profissional, subemprego, desemprego, analfabetismo, corrupção, desvios, propinas, privilégios, lavagem de doleiros, indicados, nomeados, apadrinhados, guardanapos, maravilhas, malas, caixas, pacotes, envelopes, triplex, sítio e outras milongas mais, não vão desaparecer por encanto de uma simples penada ou tagarelice bufona, já que tem raízes profundas e lobbies poderosos defendendo os criminosos de gola suja, bem como a derrocada do SUS e a Previdência oficial, em benefício dos barões da saúde e da aposentadoria privada.

PLANO NACIONAL DE SAÚDE

Os candidatos à presidência da República batem cabeça entre si e se esquivam das estocadas dos jornalistas nas entrevistas agora programadas, para que os eleitores conheçam a face oculta desses postulantes ao cargo máximo do país. A conversa é dirigida para as malditas reformas, que todos afirmam realizar desde que não afetem os interesses próprios e de sua turma. Falam da educação como se fosse a panaceia para todos os males da nação e seus cidadãos, mas nenhum arrisca tocar no tema mais precioso e importante ao povo brasileiro, que é a assistência médico-social, hoje em absoluto caos fenomênico, do Oiapoque ao Chuí.

Conclui-se que, apesar de o ministro da Saúde não vir a público dar uma satisfação outra que não seja informar as dotações orçamentárias para o setor, não há como sustentar a assistência médica no número astronômico de municípios e nos estados igualmente falidos e pessimamente administrados, a não ser que se elabore um Plano Nacional de Saúde que faça um inventário de todos os recursos da saúde no país em termos de prédios, equipamentos, insumos e pessoal e, a partir disso, planeje-se um mutirão de todos os recursos municipais, estaduais, federais, privados, beneficentes e planos, visando a multiplicar a eficácia sistêmica do conjunto, o que pode ser feito detectando-se vazamentos, desperdícios e funcionários fantasmas, sendo que o excedente de equipamentos em qualquer unidade pode abastecer as faltas em quaisquer outras, assim como em equipamentos ainda encaixotados ou com defeito, já que temos uma equipe comum de engenheiros, arquitetos, médicos, administradores e técnicos sempre disponível para efetuar reparos urgentes e emergenciais, desde que tudo não acabe lacrado em caixinhas preconizadas por ideias engessadas e pré-históricas.

MAIS ÔNIBUS

Numa cidade irregular e densamente povoada, nosso santo milagreiro brinda o transporte unimodal a pneu com mimos falsos e inúteis, pois os ônibus continuarão com chassis de caminhão, quentões, barulhentos, com catraca africana e dupla função suicida dos motoristas, entulhando as ruas sem fluxo. Agora querem multar os passageiros do VLT tal como se faz com o turista que joga papel de bala no chão, desvirtuando a função da guarda municipal, além de pintar as carrocerias com cores diferentes, ao contrário do que o menino Maravilha impôs em seu infeliz reinado, e inaugurar classe executiva sardinha em lata com wifi, carga de celular, para ser roubado, e outras benesses mais a bordo, num inequívoco sintoma de ausência de foco e objetivo, que deveria ser a interação com o Estado para a implantação do transporte multimodal do bonde de Santa Tereza em vez de micro-ônibus, planos inclinados, ampliação do metrô, melhoria do trem e expansão das barcas, o que faria o verdadeiro milagre de transformar a cidade congestionada em livre, leve e solta. Já que cuidar das pessoas ele não sabe, pelo menos que cuide do transporte e do trânsito, já que o BRT da década de 70 não ajuda e os guardas estão ocupados em tarefas tipo fiscais da natureza.

CORRUPÇÃO NEOBOLIVARIANA

O Brasil ficou blindado do sombreiro cucaracho até a construção de Brasília e a mudança da capital, quando foi erigida uma catedral à deusa corrupção e abriram-se as fronteiras e portos às nações inimigas. Assim, todos os recursos disponíveis foram colocados a serviço de nos endividar 50 anos em cinco e andarmos só de pneu por chantagem da indústria de imitação automobilística.

Conclui-se que desde a condecoração a Che pelo vassoureiro de Lúcifer, tivemos o caçador de marajás, que colecionava caprichos na Casa da Dinda, até o cidadão constituição, que escreveu o que estamos vivendo agora por contribuição do populismo demagógico ligado a qualquer verdugo de quinta, distribuindo empréstimos, propinas, refinarias enferrujadas, triplex, sítios, nomeados, indicados e apadrinhados, em malas, caixas, pacotes e envelopes de dinheiro vivo na casa da mamãe, subemprego, desemprego, saneamento a 50%, obras inacabadas, saúde doente, violência, insegurança, analfabetismo, tal qual fazem os personagens do livro *Panama papers*, de Tijuana à Terra do Fogo, com muita droga, armas, contrabando e banditismo, para desgraça do povinho, do Oiapoque ao Chuí.

RAPOSAS VELHAS

Nós exultamos políticos vitalícios e amaldiçoamos cidadãos idosos, premiando os primeiros com cadeira cativa em cargos eletivos e os últimos com morte por eutanásia ou abandono ao cruel destino. Assim, de premissas requentadas, poses mal treinadas e discursos ocos, velhos cangaceiros de papada, jogadores com chuteira de praia, bufonice de professor, autoelogios e pecados mal disfarçados, desfilam empinados em pé ou sentados, em sua sede de poder e mando narciso.

Conclui-se que os pseudointelectuais, tecnocratas e comentaristas de encomenda preveem uma catástrofe que já existe e que foi criada pela construção de Brasília e mudança da capital, nas quais foram gastos 50 anos em cinco, deixando o futuro a ver navios. Agora, dizem que a saúde e a aposentadoria de miseráveis que trabalharam por toda a vida são pecaminosas, mas a luxúria, corrupção, pecado e incompetência são virtuosos, vide o diagnóstico de indicados, nomeados e apadrinhados, analfabetismo, habitação, assistência médica, transporte unimodal, subemprego, desemprego, educação profissional perdida, fronteiras porosas para drogas, armas e contrabando, propinas, triplex, guardanapos, sítios, desvios de verbas e conduta, obras inacabadas, malas, caixas, pacotes, envelopes de dinheiro vivo ou atenuado, que produtividade nenhuma do planeta pode compensar para fazer crescer o pibinho e fechar as contas que eles penduraram criminosamente em nosso nome, já que, clinicamente, cessada a causa, cessa o efeito.

TRUMP X VIETCONGS

O extremo e médio oriente pensa e atua diferentemente dos ocidentais cristãos, enxergando de olhos apertados ou por fundamentalismo extremado, tal qual os vietcongs, que viviam em buracos e podiam surpreender as Forças Armadas de todos os recursos e que culminaram com a retirada dos americanos no Vietnam e no Líbano, por exemplo.

Conclui-se que o Kimzinho concorda com tudo e finge que faz alguma coisa para disfarçar, porém continua burlando, com artifícios pouco imaginados por Trump. Assim, nada muda e os acordos passam a ser *fakes*, pois russos e americanos continuam apoiando de fora da janela.

DEMOGRAFIA E GENOCÍDIO

Maltus, Hitler, Stalin, Mao, Fidel, Maduro, Assad e outros mais são exemplos de genocidas, enquanto demógrafos sutilmente sugerem eutanásia disfarçada no excesso de idosos improdutivos e doentes. Assim, os verdugos de plantão imploram, por meio de lobbies da saúde e Previdência privada, que os idosos sejam abandonados à sua própria sorte, para que cresça o pibinho, fechem as contas e restaurem a economia.

Conclui-se que após a construção de Brasília e a mudança da capital, além de rasparem os caixas da Previdência, que proporcionavam saúde, habitação e aposentadoria, plantou-se uma corrupção endêmica que corroborou com as capitanias hereditárias, coronéis de latifúndio, nomeados, indicados e apadrinhados, palácios, porões e apartamentos funcionais, fronteira porosa a armas, drogas e contrabando; propinas, desvios, analfabetismo, saneamento, assistência medica lotérica, guardanapos, transporte unimodal rodoviário, educação profissional perdida, triplex, sítio, malas, caixas, pacotes e envelopes de dinheiro vivo na casa da mamãe; favelização, subemprego, desemprego e muitíssimo mais que vassoureiros, marajás, constitucionalistas, pelegos e outros de mesmo DNA vociferam em seus currais eleitorais, para ingênuos, céticos e todos os abrangidos pelo "Pedro Pedreiro", da Rive Gauche, que espera desde 1500, 1822, 1889 e 1961, aquilo que nunca virá, pois a turma deles já separou tudo e restam tão somente migalhas e gotas para a galera.

ESVAZIAMENTO DO CENTRO

O centro da cidade do Rio de Janeiro perdeu seu charme e importância e hoje hospeda tão somente vereadores, deputados, repartições públicas, sede de algumas empresas, escritórios e um comércio decadente. Foi-se o tempo em que os bairros só tinham botequins, padarias, quitandas, armazéns e pequenas lojas de ferragens, quando tudo de importante tinha de ser adquirido e tratado no centro, para o qual nos dirigíamos de bom e saudoso bonde, que nos deixava na porta do Dragão Rei dos Barateiros, Sloper, Lojas Americanas, Casa Cruz, consultórios médicos e dentários, advogados, cartórios e tudo que se referisse a questões legais ou econômico-financeiras.

Conclui-se que os moradores de rua, pivetes, arrastões da Praça Onze à Candelária, camelôs, adensamento das calçadas, sujeira, ônibus, motos e automóveis em profusão, fizeram do centro ao qual só se vai quando se é obrigado, já que todos os bairros têm seu shopping center e a internet, com suas maracutaias, vende de tudo e com garantia de aborrecimentos, para deleite dos bancos, que não querem nos ver nem pintados, a não ser para investir cegamente pelo telefone, internet, celular ou e-mail.

INGENUIDADE DAS UPPS

Antigamente, a caridade e o trabalho social eram feitos por freiras e assistentes sociais, que se desempenhavam muito bem nessa tarefa. Oferecer a Polícia Militar para atuar nas favelas no sentido de se harmonizar com os moradores foi um fracasso anunciado, pois para os favelados só há a solução de desfavelizar, que numa só tacada beneficia toda a comunidade e prejudica mortalmente os currais eleitorais e território dos narcotraficantes e milicianos.

Conclui-se que resta multiplicar os polos de atração populacional, estimulando ocupação dos espaços vazios do oeste, norte, nordeste e faixa fronteiriça, com o apoio das Forças Armadas, Polícia Federal, Receita Federal, Polícia Rodoviária federal, Polícia Militar e Polícia Civil, seja na ampliação racional de pequenos vilarejos quanto no estabelecimento de novos padronizados e equipados com voluntários médicos, dentistas, psicólogos, enfermeiros, engenheiros, agrônomos, veterinários e técnicos diversos, que ali fariam residência estimulados por redução do tempo para a aposentadoria, na proporção de um ano a menos para cada um trabalhado nessas áreas.

CIRANDA TRUMPIANA

Nada nos surpreenderia se a história da Branca de Neve e seus anões se reproduzisse hoje no cenário político com Kim, Rouhani, Assad, Erdogan e Maduro passeando no bosque. Assim, pode se inferir que as ameaças, twitters e acordos sejam costurados tal como ele joga xadrez muito mal, talvez como se fosse golf, e os anões se encontram escondidos trocando segredos, armas, petróleo e outros brinquedos mais, com os quais os tios Ling e Putin os presenteia diuturnamente, desde o fim da Segunda Guerra.

Conclui-se que os anões transnacionais são muito mais espertos do que o lobo malvado e fazem tudo que querem na penumbra cultural distinta dos espertos e ladinos, cheios de truques e efeitos especiais.

CORRUPTORES E CORRUPTOS

Numa análise histórica superficial, pode-se inferir que corruptos e corruptores têm o mesmo DNA e matematicamente são interdependentes. Assim, um depende do outro para existir e temos desde a construção de Brasília e a mudança da capital o maior exemplo disso, pois não se conseguiria gastar 50 anos em cinco, mudar a capital, acabar com ferrovias e hidrovias, construir uma cidade à custa da Previdência e do abandono ao restante do país.

Conclui-se que se confunde a fome com a vontade de comer ao se negar a relação simbiótica entre presidentes, governadores, prefeitos e respectivas Câmaras de representantes que, por meio de partidos, lobbies e artifícios vários em palácios, porões e apartamentos funcionais, manipulam nossa segurança, saúde, saneamento, desemprego, aposentadoria e tudo o mais, já que a deles está garantida após oito anos, integralmente, com benesses e atendimento VIP no Sírio Libanês ou Albert Einstein, enquanto os párias têm aposentadoria cada vez mais distante e assistência médica misturada com eutanásia nas ruas, corredores e filas sem fim.

TROCAS DE FIGURINHAS

Quem garante que o Iran e a Coreia do Norte não troquem segredos de armas atômicas e foguetes intercontinentais, já que se fazem transbordos de petróleo em alto-mar? Eles podem muito bem fazer intercâmbio de necessidades complementares. Assim, as restrições americanas se tornam inócuas a Kim e Rouhani, que ficam livres para agitar o planeta no seu ritmo e tom.

Conclui-se que o eixo Maduro/Castro/Erdogan/Assad/Kim/Rouhani, abençoado pela Rússia e China, indiscutivelmente está ameaçando o poderio militar, político e econômico de Trump, que joga golf, mas é iniciante em xadrez.

PACOTE DOS ÔNIBUS

O atual insiste em nos encher de enfeites dos ônibus, tal qual os do interior de cidade cucaracha, incluindo pintar de cores das diferentes empresas, exatamente o oposto do anterior, que pintou todos da mesma cor para fingir que estava em Nova York ou Londres. Assim, estamos à mercê do humor e da futilidade daqueles que deveriam "cuidar das pessoas" e tão somente as transformam em seus brinquedinhos, já que transporte unimodal em pneu é coisa de África Ugandense e no qual insistimos desde a patuscada da construção de Brasília e da mudança da capital.

Conclui-se que esses ônibus com chassis de caminhão, quentão, barulhento, com dupla função suicida de motorista e catraca africana, precisam, sim, ser empacotados e despachados para nossos vizinhos bolivarianos e amigos da onça africanos, para rodar em safari, já que somos tratados como animais que fazem graça quando ganham um biscoito mofado; mesmo porque, numa cidade saturada em densidade vertical e favelização horizontal absurda, brindam-nos a todos com zombaria de museus, aquários, Copa, Olimpíadas, botequins, festivais, pracinhas, gramados e outras milongas mais, enquanto a saúde, a segurança, o trem, o metrô e o barco estão esperando na melodia do "Pedro Pedreiro", que tira férias na Rive Gauche, da Paris bem servida de transporte excelente desde sempre.

PAPUDOS NA PAPUDA

O sistema carcerário não comporta todos os chinelões transgressores nem os nobres corruptos, daí que, para alívio de alguns, eles devem ser soltos periodicamente, enquanto a ralé curte tuberculose e outros mimos em celas medievais abarrotadas de ratos e imundice. Assim, desde as épocas imemoriais existem masmorras em que a punição por isolamento e penúria interessa aos poderosos do momento.

Conclui-se que ao povo interessa tirar a gordura dos desviantes da gola suja, como também deixá-los na rua da amargura e fila do SUS, que é o castigo a nós imposto pelos que deveriam ser punidos, seja pelos guardanapos, dinheiro vivo na casa da mamãe, inocência injetada por doutores bumbum do direito torto, e eutanásia sutil a milhões, desde a construção de Brasília e a mudança da capital, onde, em palácios, porões e apartamentos funcionais, degusta-se o fígado dos miseráveis, tal qual Idi Amim Dada espantava o espírito de suas vítimas.

PÉROLAS ELEITOREIRAS

Não se vislumbram quaisquer seguidores de Obama ou Merkel, mas se destacam comportamentos peculiares a Maduro, Assad, Kirshner, Ruxef e outros de mesmo grupo etiológico. Assim, tal qual cantarolantes do "Pedro Pedreiro" da Rive Gauche parisiense, esperamos por um redentor que nos livre dessas amarras malditas atadas pela construção de Brasília e da mudança da capital.

Conclui-se que a história não se repete, a não ser em farsas. Daí podemos inferir um longo repertório de patuscadas que nos persegue desde 1500, sejam coloniais, imperiais ou republicanas, personificadas por entes luciferianos com as melhores intenções para seus umbigos e espelhos, disfarçados de Pinóquio, lobo, cigarra, formiga e outros travecos mais.

ARQUIVAMENTO AÉREO

A proposta de arquivamento da investigação do acidente aeronáutico em Santos parece não considerar aspectos típicos da operação aérea, como aproximação sem visibilidade num aeroporto desprovido de infraestrutura para tal. Embora houvesse dois pilotos na cabine, a decisão aparenta ter sido monocrática, do comandante que estava pressionado para pousar de qualquer maneira.

Conclui-se que o clássico "ciscar a baixa altura" fez com que batesse no teto de prédios em torno da pista, tal qual o de Parati, com um piloto, que bateu a asa no mar ao descer abaixo da altura mínima da trajetória de pouso, o que confirma a falta de disciplina e segurança da nossa aviação de pequeno porte, num vale-tudo repetitivo, inconsequente e sem solução, a não ser a seriedade e a responsabilidade compatível. E um piloto a mais é sempre um recurso viável de extensão do trem de pouso em procedimento alternativo, tal qual no King Air, em Marte.

VOOS DE BAIXO CUSTO

Assim como não existe almoço grátis, um quadrinho na parede do dentista sugere: "Buy the best and cry only once". Assim, desde o marajá da Dinda que foi cassado após abrir os aeroportos para as empresas inimigas, e o Zé das Couves entregar a Vasp, Transbrasil e Varig de bandeja nas mãos de um taxi-aéreo melhorado, agora temos o lobby dos planos de saúde e Previdência privados novamente sabotando o transporte aéreo com pau de araras, nórdicos *vikings* piratas estrangeiros oferecendo voos baratos sem horário, assento reclinável fixo sem espaço para se mexer, sem refeição, cobrança de banheiro, manutenção e tripulação no M.E.L., e outras milongas mais que dão margem ao preço de van alternativa da milícia, que a fiscalização globalizada aprova sem hesitação.

Conclui-se que apesar de sermos conterrâneos do pioneiro da aviação de verdade, não mais teremos uma empresa para chamar de nossa, que dê emprego a nossos pilotos e mecânicos, e que não se curva a um leilão de facilidades *fake* a outrem, com dificuldades a concursados para que indicados, nomeados e apadrinhados façam a Festa de Babete, com guardanapos e mimos VIPs no Olimpo Planaltino.

TETO DE SALÁRIOS

A partir dos 13 milhões de desempregados mal contados e outros tantos subempregados, assiste-se a um aumento do teto de salários em milhões de reais. Assim, na direção oposta à fome, doenças, saneamento, transporte caótico, violência, insegurança, fronteira porosa, presídios rebeldes e currais eleitorais competindo espaço com narcotraficantes e milicianos, as despesas dos Três Poderes corroendo tudo e o pibinho se arrastando para não ficar abaixo de zero.

Conclui-se que o sobrepeso da dívida não aceita dieta nem cirurgia bariátrica, já que dispõe dos 205 milhões de contribuintes acusados de inviabilizar o SUS e a Previdência oficial por serem idosos e doentes, enquanto não percebem a eutanásia sutil em curso silencioso e eficaz nas ruas, corredores e filas de hospital, do Oiapoque ao Chui.

30 MILHÕES DE APOSENTADOS

Os aposentados, que sempre reclamam em silêncio a sua penúria de abandonados na assistência médica e Previdência Social, têm agora a oportunidade de fazer valer a sua força, elegendo candidatos não comprometidos com o lobby dos planos de saúde e aposentadoria privados. Assim, cabe indagar e pressionar os postulantes quanto à atenção aos idosos e aposentados.

Conclui-se que deixamos os candidatos muito confortáveis por terem certeza de nossa inércia, que devemos quebrar nessa e em todas as eleições do porvir, se quisermos não ser devorados pela eutanásia a que eles nos reservam pela indiferença e esquecimento.

CANGACEIROS E CANGAÇO

Dizem que o tempo não volta e que a história não se repete, mas por aqui conseguiram transformar o país num cangaço, pelo número e variedade de cangaceiros que se apossou de nossos órgãos vitais. Assim, de norte a sul e leste a oeste, o espírito de donatário das capitanias hereditárias e coronel latifundiário se confunde com a livre circulação de armas, drogas e contrabando por toda fronteira, enquanto cangaceiros de gola, terno, descalços ou maltrapilhos dominam o Olimpo, as penitenciárias, os bairros e os conflitos diuturnos vivenciados em todo o país.

Conclui-se que o cangaço tomou conta e os cangaceiros mandam em tudo e todos, sem que as promessas de candidatos possam lançar luz no túnel sem fim em que estamos perdidos, e se misturam, gordos e esqueléticos tão próximos, que uma simples fagulha pode leva-los a se engalfinhar para sempre no lodo do saneamento, assistência médica falida, transporte medieval, insegurança, violência, educação perdida, indicados, nomeados e apadrinhados, subempregados e desempregados, propinas, desvios, corrupção, malas, caixas, pacotes e envelopes de dinheiro vivo na casa da mamãe, com um lado prendendo e outro soltando, sem previsão, norte ou fé, de que "Pedro Pedreiro" e "Geni" sobreviverão.

FIM DOS PRIVILÉGIOS

Até a construção de Brasília e a mudança da capital, os privilégios se restringiam ao círculo colonial, imperial e republicano. A partir de então, na operação de gastar 50 anos em cinco, democratizaram-se a corrupção, desvios, indicados, nomeados, apadrinhados, obras inacabadas, doleiros, propinas e maracutaias de toda sorte, que a revista dos aeroportos obrigou outros modais de transporte para malas, caixas, pacotes e envelopes de dinheiro vivo, agora guardados na casa da mamãe para maior segurança e eficácia operacional.

Conclui-se que desde o primeiro mandatário atual e os passados, os penduricalhos fartam a qualquer pretexto, enquanto o miserável do chão da pirâmide amarga falta de tudo e sofrimento de montão, pela insensibilidade e inconsequência, que a ministra adverte para os ventos do deserto, surdos, mudos e cegos, porém de pança cheia do sobrepeso narciso, pois as revoluções francesa e russa subiram pelos pés e acabaram cortando cabeças.

COBRANÇAS AÉREAS

Não satisfeitos com a falência das empresas nacionais e ruína de seus funcionários, os agentes globalizados são autorizados oficialmente a cobrar o que querem e paulatinamente oferecerem serviços de baixo custo, com alto lucro sempre negado. Assim, até o nosso prefeito "aéreo" sabe que o dólar é sempre alto e não para de subir, juntamente com o combustível, assim como as aeronaves, peças e equipamentos diversos do ramo são importados e caros.

Conclui-se que se armou um esquema no qual os populistas dizem que o povo passou a voar de avião, os ricos e poderosos continuam zanzando de primeira classe ou caindo de avião executivo, e o recheio da classe média vende até a alma para ir à Copa, à Disneyworld, às compras em Nova York ou Paris e a paraísos exóticos que tremem, afundam ou expelem lava de vulcão, já que a futilidade e a desesperança nos impelem a desfrutar o presente e desprezar o futuro.

ENSINO MÉDIO

Os pedagogos, filósofos, sociólogos e autodenominados educadores em geral ditam regras de educação a todos e desde 1500 mudam tudo a cada fase da lua. Assim, recentemente acordaram que não se deve impor um número infinito de matérias por conta do tal "conhecimento geral", pois isso não leva a nada que preste, como mostra a nossa realidade do analfabetismo ao pós-doutorado.

Conclui-se que o atual receituário é fantasiado de modernidade, mas esconde decretos defasados 180º da nossa realidade, tais como: fim do curso noturno, horário integral, direcionamento à vida acadêmica, segregação ao ensino profissional e outras marolices mais, que acabam escondendo o fato de que: o turno da noite é a única oportunidade para jovens e adultos; o trabalho após os 14 anos é uma necessidade para a maioria dos jovens, seja para se manter e ajudar a família, seja para amadurecer e diminuir o nem-nem-nem; o turno integral é inviável e nada inteligente enquanto houver um único aluno fora da escola e o professor for mal remunerado e desrespeitado; a infraestrutura escolar ser caótica; a guarda municipal tratar do papel de bala no chão e passagem não paga no ônibus em vez de estar presente na porta e interior das escolas. Qualquer ensinamento é válido para alavancar uma posterior recuperação, quer aparentemente esquecido ou não aplicado, já que os donos do ensino nos colocam cabrestos no aprendizado e na vida.

LUDDAD

Em época de transplantes e cirurgias plásticas, anuncia-se uma mixagem de alto risco, face à incompatibilidade e possível rejeição entre as duas partes. Assim, um falante teatral compulsivo e um catatônico deslumbrado são colocados em uma única câmara para que a mágica miraculosa faça o seu papel. Conclui-se que o criador e o destino elaboraram tantas personalidades quanto pessoas, e essa química do fundo de quintal pode dar em fumaça e frustração, oriunda do feitiço contra o feiticeiro, tal qual a fórmula Ludil proporcionou e resultou na sua saída de emergência pela porta dos fundos, sem banda nem passeata, numa herança torta que pagaremos por décadas do provir.

ÁREAS DE INFLUÊNCIA

    Qual a diferença entre os currais eleitorais, os territórios de traficantes e milícias, os partidos políticos e as decisões dos palácios, porões e apartamentos funcionais? Praticamente nenhuma, pois decidem para todos em proveito próprio. Assim, tornamo-nos reféns de grupos criminosos que permanecem infiltrados no governo e todas as células da sociedade se retroalimentando de recursos públicos e da corrupção que sangra a tudo e a todos.

    Conclui-se que após a construção de Brasília e a mudança da capital, foi decretado o vale-tudo, que permite subtrair direitos do povo e adicionar deveres intermináveis, a par das mazelas que nos flagelam do nascimento até o projeto final de eutanásia sutil, sem SUS e sem aposentadoria oficial, pois os de cima precisam cada vez mais e os de baixo são obrigados a sustentar tudo a qualquer custo, inclusive da vida.

GASTOS DO PESSOAL

O jornal de hoje estampa mais uma vez, em primeira página, a grandeza de gastos do pessoal, mas em absoluto menciona o pessoal dos gastos. Assim, tanto a saúde pessoal como a econômico-financeira tem etiologia e depende matematicamente da relação entre variáveis dependentes e independentes.

Conclui-se que a construção de Brasília e a mudança da capital gastaram 50 anos em cinco e inaugurou um sistema de corrupção que privilegia indicados, nomeados e apadrinhados em detrimento de concursados, assim como agregou penduricalhos para os moradores do Olimpo aceitarem compulsoriamente respirar poeira e secura do ar. Daí foram criados centenas de municípios para o pessoal dos gastos se locupletar, elegendo prefeitos, vereadores, secretários e agregados, e estados e municípios extrapolam qualquer orçamento, culpando a saúde e a Previdência por seus pecados inconfessos, pois a federalização dessas duas tarefas é parte da solução e a isonomia de proventos dos Três Poderes e a aposentadoria com oito anos de mandato dos eleitos com todos os penduricalhos, não sensibiliza os marajás dos desvios, propinas, guardanapos, joias, malas, caixas, pacotes e envelopes de dinheiro vivo na casa da mamãe. Para eles, a solução é jogar pedra na Geni e esganar o povo perdulário que gasta muito, trabalha pouco, envelhece depressa e vive doente.

PREVIDÊNCIA E VIOLÊNCIA

A coluna Opinião de *O Globo* repete sem cessar, pensar ou assinar o mantra da maldita reforma da Previdência, mas nunca reza pela reforma da Violência, que nos assola em balas, baleados, desassistidos, desalentados e desempregados. Assim, estados que foram esvaziados para dar lugar à construção de Brasília e à mudança da capital, com gastos de 50 anos em cinco, corrupção, inépcia desenfreada, guardanapos, penduricalhos, joias, helicópteros e viagens familiares para a Europa, em jato fretado por conta pública, de irmão do cangaceiro papado, bem como municípios que não param de crescer em números e roedores por todos os lados, agora tem crise para pagar funcionários ativos e inativos, quer sejam concursados, nomeados, indicados ou apadrinhados.

Conclui-se que a Previdência e a violência são irmãs da patuscada com a qual se desrespeita cidadãos de todas as idades, planejando eliminá-los pela eutanásia da penúria, enquanto marajás e seus kits de palácios, porões e apartamentos funcionais se fartam em propinas, desvios, benesses, aposentadoria precoce, malas, caixas, pacotes e envelopes na casa da mamãe e outros esconderijos exóticos no país e exterior.

DEMOCRACIA

Eleitores, eleitos, poupança, gastança, austeridade e corrupção fazem parte do mesmo caldo que é prometido quente ao eleitor na campanha, mas é servido frio e ralo durante o governo. Assim, após o período morno até a década de 60, inicia-se a ebulição da construção de Brasília e a mudança da capital, com o que se gastou 50 anos em cinco e gerou dívidas que pagamos até hoje em saúde insana, analfabetismo, saneamento, habitação, transporte unimodal, violência, insegurança, subemprego, desemprego, educação profissional perdida, fronteira porosa, palácios, porões, apartamentos funcionais e outras mazelas mais.

Conclui-se que os marajás do Olimpo Altiplano nos desgraçaram a partir de negociatas sem fim, desvios desenfreados, nomeados, indicados e apadrinhados, guardanapos, propinas, malas, caixas, pacotes e envelopes em dinheiro vivo na casa da mamãe, da namorada e do totó, no país e no exterior, em contraste com a penúria do povo, que não os sensibiliza, a menos que se aprove o fim do SUS e da aposentadoria oficial com a industrialização da eutanásia, que lhes renderia mais dividendos para gastar a rodo no submundo narciso em que vivem nossos escolhidos por encanto mentiroso e criminoso, sem punição adequada à vista, graças a advogados multimilionários e suas chicanas.

REALEJO DA PREVIDÊNCIA

Para os jovens se faz necessário esclarecer que realejo era um ambulante que tinha um aparelho acionado a manivela, para tocar uma música peculiar, anunciando a sua chegada com o serviço de mensagens do futuro em envelopes escolhidos por um papagaio ou um macaco que ficava em seu ombro. Hoje, temos uma profusão de realejos no jornal e na televisão, que cantam ininterruptamente mantras falsos sobre a Previdência e a desgraça dos desprovidos de tudo, que agora os arautos da privatização do SUS e da Previdência oficial querem colocar na fila da eutanásia e que, por sua vez, está concorrendo com as filas nas ruas, corredores, macas, cadeiras e abandono nos hospitais públicos.

Conclui-se que a imprensa presta um péssimo serviço em se unir aos lobbies das penúrias, fantasiados de gurus da economia e política, visto que os titulares só cuidam do seu umbigo e de sua imagem no espelho.

TRABALHO E PERSPECTIVA

Diz a primeira página do jornal de hoje que faltam trabalho e perspectiva, mas isso não passa de tema morno e desgastado para esconder a realidade do país em termos de governo e povo. Assim como isso não cairá do céu, tal qual os pães no episódio da Bíblia, a malfadada reforma da Previdência não mudará o quadro atual e terá resultados pífios em muitos anos seguintes. Daí se diz que ela não serve para segurar o rombo cavado desde a gastança de 50 anos em cinco, com a construção de Brasília e da mudança da capital.

Conclui-se que o mal maior do momento é a insegurança originária da fronteira seca e molhada porosa a armas, drogas e contrabando, com o que se gasta o inimaginável com policiamento e presídios, sem qualquer esperança de resolução, pois a corrupção e os desvios de comportamento são patologias de adição e não são tratáveis com remédios, cirurgias e planos econômico-sociais dos discursos eleitorais. Os milhões de dólares lá fora somados aos bilhões travestidos por aqui em lavagem de dinheiro, laranjais, malas, caixas, pacotes e envelopes de dinheiro vivo na casa da mamãe e outras maracutaias, junto às dívidas de bancos, clubes de futebol, empresas e repartições com o INSS, podem vir a inundar o governo com recursos, se também for feita a isonomia de proventos dos Três Poderes e poda de penduricalhos dos marajás, seus nomeados, indicados e apadrinhados.

DIREITO À SAÚDE

A vida, a Constituição e a inteligência afirmam que o direito à saúde é primordial e só é ultrapassado pela segurança, pois sem segurança e saúde não se vive. Assim, perdidos na maionese da corrupção e incapacidade gerencial, repetimos mantras esquizofrênicos sobre contas públicas, reforma da Previdência, privatização do SUS e da aposentadoria, ocupação de prédios públicos, educação, cultura, arte, festivais e uma infinidade de rezas absolutamente inócuas.

Conclui-se que havendo vaga cativa na ala VIP do Sírio Libanês e do Albert Einstein, os marajás do Olimpo Planaltino pouco se lixam com o resto, que é o povo abandonado à própria sorte e eutanásia nas ruas, filas, corredores, macas, cadeiras e indiferença absoluta, pois serão eleitos ou nomeados, indicados e apadrinhados de qualquer maneira, para continuar tudo como dantes no quartel de Abrantes, desprezando um possível mutirão de todos os recursos municipais, estaduais e federais disponíveis, beneficentes, particulares e dos planos, que é a única providência capaz de ser aplicada hoje e que, indiscutivelmente, traria bastante alento aos esquecidos de todo o país.

LEGADO MARAVILHA

Na mais notável cara de pau do planeta, temos o protagonista da segunda maior patuscada de nossa história depois da construção de Brasília e da mudança da capital, tal como Nero desfigurou Roma e a denominou de Maravilha, o horror que fez com tudo que é essencial e apostou todas as fichas no supérfluo e desnecessário. Assim, esquivando-se das pedras dos outros candidatos a governador, esse narciso sem noção mal se defende do que fez e, acima de tudo, do que não fez.

Conclui-se que não consegue tirar o guardanapo virtual da cabeça e sair da *selfie* com o descendente do comandante da esquadra Santa Maria, Pinta e Nina, que aqui aportou desgraçadamente para desprezar o saneamento, a assistência médica, o transporte unimodal, a habitação, a hiperconcentração, a favelização, a insegurança e a violência em troca de festivais, copas, obras inacabadas, nomeados, indicados e apadrinhados, museus, aquários, estátuas, gramados, estádios, botequins de porto e tudo que compõe o quarto de brinquedos da infância interminável de um hiperativo em surto contra o povo que atrapalha suas brincadeiras de nenê mimado.

DESEMPREGO

Tanto intelectuais e políticos quanto a imprensa tratam o desemprego como um vírus a ser combatido por um antibiótico mágico de rápida atuação. Para isso não precisamos da tecnocracia com administração cega e perdida em face de uma situação clara e inegável de que a economia afundou depois que se gastou 50 anos em cinco e não se parou mais de paparicar os marajás do Legislativo e Judiciário, juntamente com os seus nomeados, indicados e apadrinhados no Olimpo Planaltino, bem como nos estados e municípios.

Conclui-se que a porosidade das fronteiras para armas, drogas e contrabando, o número crescentemente absurdo de municípios, a inexistência de isonomia de proventos dos Três Poderes, resulta na corrupção e em desvios que são os três chefes da bandidagem nacional, que nos assolam e que jamais darão oportunidade à economia sadia, que resulta em empregos, a menos que apliquemos cicuta a esse câncer que nos devora a cada dia que passa.